진짜 공신이 되는
하루 만에 2등급 동아시아사

김범수 지음

읽기만 해도 저절로 답이 보이는

진짜 공신이 되는

하루 만에 2등급
동아시아사

더디퍼런스

중위권에서 2등급으로
도약하고 싶은 학생들에게

　나는 책을 쓸 때의 원칙이 하나 있다. '군더더기 없는 엑기스 같은 내용을 담는다!'라는 것. 지금까지 출간된《진짜 공신이 되는 기적의 공부법》,《진짜 공신들만 아는 학생부 종합전형의 비밀》,《진짜 공신들만 보는 대표 소논문》,《진짜 공신들만 쓰는 자기소개서의 비밀》 모두 현장에서 바로 활용할 수 있는 디테일하면서 쉬운 방법들을 담았다고 자부한다. 이 책《진짜 공신이 되는 하루 만에 2등급 동아시아사》도 마찬가지이다.

　동아시아사에 대한 오해가 적지 않다. 한국과 중국, 일본, 베트남 4개 국가의 역사를 다루기 때문에 분량에 대한 부담감과 상위권 학생들이 많이 응시하기 때문에 '선택해 봐야 좋은 성적을 받기 어렵다.'라는 근거 없는 소문까지 돈다. 하지만 나의 생각은 다르다. 나는 '한국사가 필수인 상황에서 가장 쉽게 시너지를 낼 수 있는 과목은 동아시아사'라고 말한다. 왜냐하면 한국사는 곧 동아시아사이기 때문이다. 처음에는 반신반의하던 수험생들도 동아시아사를 접해보면 '생각보다 어렵지 않다.'라는 반응이다. 동아시아사는 배경지식이 중요하다. 배경지식만 풍부하면 처음 보는 문제에 낯선 개념에도 불구하고 답을 찾아낼 수 있다.

모든 내용을 암기하고 수능을 보는 것은 불가능하고, 그렇게 많은 시간을 들여 공부한다 해도 쉽게 만점이 나오는 것은 아니다. 역대 기출문제를 분석해보면 자주 출제되는 개념과 문제 출제 패턴이 있다. 큰 줄기에서 먼저 자주 출제되는 개념을 정리하고, 나머지 잔가지를 정리하는 순서로 공부한다면 암기해야 할 방대한 양에 한숨부터 나오던 공부가 이제 쉽게 접근할 수 있는 희망으로 다가올 것이다.

이 책에 있는 개념과 문제 유형만 확실히 숙지했다면 2등급은 어렵지 않게 받을 수 있다고 확신한다. 본문을 읽다보면 내가 왜 이렇게 말하는지 체감할 수 있을 것이다. 이 책은 너무나 어려워진 수능연계교재의 대안이 될 것이다.

내가 권하는 순서와 방식으로 읽어보길 바란다. 처음에는 'Part1 하루 만에 핵심개념 뽀개기'를 읽어보자. 특히 빨간색으로 강조된 부분을 유념하길 바란다. 동아시아사는 출제되는 파트와 개념 등이 정해져 있다. 왜냐하면 한, 중, 일, 베트남 4개국이 연관된 역사적 사건 중심이기 때문이다. 가급적 두세 번 정도 천천히 읽어보고 흡수하길 바란다. 다음에는 'Part2 하루 만에 2등급을 만드는 문제풀이 비법'을 읽어보자. 정말 비법이냐고? 정말 답이 되는 비법을 담았다. 세 번째는 'Part3 하루 만에 2등급을 만드는 빈칸개념'을 접할 차례다. 'Part1 하루 만에 핵심개념 뽀개기'에서 읽었던 주요 개념과 역사적 사건, 핵심 내용 등이 빈칸으로 처리되어 있다. 가벼운 퀴즈 풀 듯이 빈칸을 채워보도록 하자. 바로 답이 떠오르지 않아도 계속해서 생각해보도록! 이런 식으로 몇 번 반복하면 어느 순간 개념이 확실해 질 것이다. 마지막은 'Part4 하루 만에 2등급을 만드는 개념 적용문제'이다. 수능과 교육청 모의고사 등에서 빈출되는 개념과 문제 유형을 변형해 담았다. 이 과정까지 충실히 마쳤다면 '동아시아사가 이렇게 쉬웠나?' 하는 자신감이 생길 것이다.

끝으로 어려운 출판 환경 속에서도 흔쾌히 본인의 졸저를 출판해주신 더디퍼런스 조상현 대표님과 기획과 디자인으로 생명력을 불어넣어주신 관계자 여러분께 진정으로 감사한 마음을 전한다. 이 책을 읽고 궁금한 내용이 있는 분은 진짜공신연구소(http://realstudy.pro) 또는 skylovedu@naver.com으로 문의를 주시면 최선을 다해 돕겠다.

2016년 6월 23일
진짜공신연구소 사무실에서
저자 김범수

이 책의 활용방법

Part 1 하루 만에 핵심개념 뽀개기

시험에 나오는 내용 90%가 담겨 있다.
두세 번 반복하여 반드시 자기 것으로 만들 것!

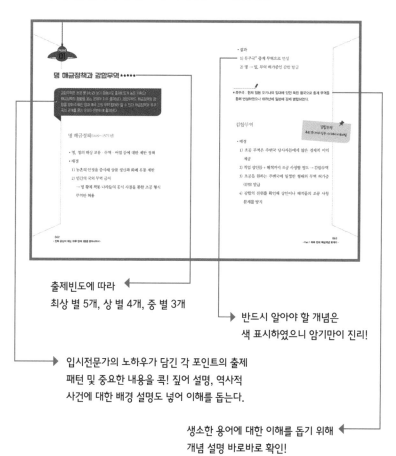

출제빈도에 따라
최상 별 5개, 상 별 4개, 중 별 3개

반드시 알아야 할 개념은
색 표시하였으니 암기만이 진리!

입시전문가의 노하우가 담긴 각 포인트의 출제
패턴 및 중요한 내용을 콕! 짚어 설명, 역사적
사건에 대한 배경 설명도 넣어 이해를 돕는다.

생소한 용어에 대한 이해를 돕기 위해
개념 설명 바로바로 확인!

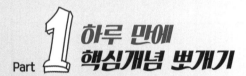

Part **1** *하루 만에*
핵심개념 뽀개기

1장 선사문화~몽골제국(원나라) (기원전~1367년)

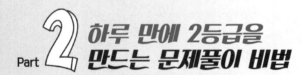

Part **2** 하루 만에 2등급을 만드는 문제풀이 비법

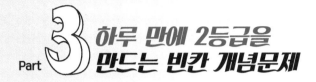

Part 1

하루 만에
핵심개념 뽀개기

선사문화~
몽골제국(원나라)
(기원전~1367년)

동아시아사 시험의 30% 정도가 1장(선사문화~몽골 제국)에서 출제된다. 각 장마다 30% 정도씩 출제가 된다고 생각하면 된다. 1장의 베스트 questions는 유물 찾기, 진 시황제, 한무제, 북방 유목민족(흉노, 북위의 한화정책, 요나라 등), 한족의 강남 이동, 송나라의 농업 혁명, 성리학, 당나라의 화번공주, 동아시아의 불교문화, 다이호 율령 등이다.

베트남 동썬 문화와
중국 얼리터우 문화★★★★

동아시아사 1번 문제는 각 문명의 대표 유물을 묻는 문제가 주로 출제된다.
빗살무늬토기(한국 신석기 시대), 조몬토기(일본 신석기 시대), 동탁(일본 청
동기 시대인 야요이시대), 청동북(베트남 동썬 문화), 청동술잔과 네 발 달린
솥(중국 얼리터우 문화), 돼지토기와 허무두토기(중국 허무두 문화) 정도만
사진과 함께 숙지하면 충분히 정답을 고를 수 있다.

베트남 동썬 문화* 대표 유물

◀ **청동북** 기하학적 문양,
새 머리 한 사람, 태양과 새 등이 새겨져 있다.

*동썬 문화 : 베트남을 대표하는 청동기 시대 문화. 북베트남의 홍강
　유역에서 번창했다.

숭국 얼리터우 문화(황허강 일대) 대표 유물

▲ 청동술잔

▲ 네 발 달린 솥

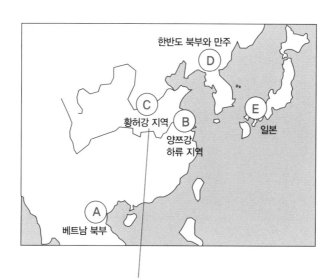

※황허강 지역이 얼리터우 문화가 발달한 곳

일본의 조몬토기와 동탁★★★★

일본의 조몬토기와 동탁, 야요이시대는 문제와 보기에서 빈번히 출제되므로 반드시 알아야 할 개념이다.

조몬토기

- 일본의 신석기 시대 토기
- 여성 모양의 토우(풍요 기원)와 표면에 새끼줄 무늬가 새겨진 토기 등 다양한 형태

동탁

- 방울 소리를 내는 청동제 의식 용품(청동기 시대부터 사용)
- 일본의 야요이시대(청동기)* 유물

*야요이시대 : 기원전 3세기 ~ 기원후 3세기경 한반도에서 벼농사와
청동기/철기 기술을 가진 사람들이 이주하면서 농경에 기반을 둔 새
로운 사회가 시작됨

03

허무두 유적의
돼지토기와 허무두토기★★★

허무두 유적(라 지역-양쯔강 하류)

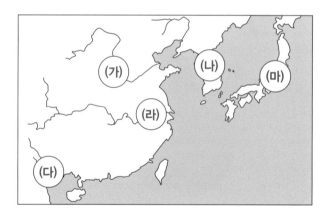

허무두 문화

- 일찍부터 벼농사가 이루어진 곳
- 나무로 만든 농기구+볍씨 등 출토
- 돼지토기와 허무두토기 등 다양한 형태의 간석기와 짐승 뼈 출토

▲ **돼지토기** 당시에 돼지와 개 등 가축을 키웠음을 알려줌

▲ 허무두토기

진 시황제★★★★

진 시(始)황제

- 진 시황제? : 최초로 황제 칭호 사용 → 처음 시(始)를 써
  서 시황제
- 진 시황제의 특징
  1) 군현제 실시(중앙집권적 지방 행정 제도)
     전국을 몇 개의 행정 구역으로 나눈 후 중앙에서 임명
     한 지방관 파견
  2) 도량형과 화폐, 문자 통일, 도로망 정비
  3) 분서갱유(사상통제)
     군현제 반대 및 봉건제 부활 주장을 탄압하기 위해 실
     용서 제외한 모든 사상서적 불태우고 유학자 생매장

4) 만리장성 축조 → 흉노 견세

5) 엄정한 법 집행 등

• 진 시황제가 미친 영향

한나라 통치 이념으로 유학(유교) 채택

→ 진나라 때의 가혹한 법치주의 보완

진과 한 교체기★★★★

진한 교체기 문제는 출제 빈도가 높지는 않으나 언제든 변형 출제 가능하다.

진과 한

- 진 : 진 시황제가 중국 최초로 통일을 완성한 국가(기원전 221~206년)
- 한 : 진 다음의 통일 왕조(기원전 202~220년)

진한 교체기 4년 동안 일어난 일

- 초한지 : 진 말기 초 항우와 한 유방(한고조)의 긴 대립을 묘사한 역사 소설

• 장기 : 진한 교체기를 배경으로 가상의 조한전을 벌이는
  놀이

↓ ↓ ↓ ↓ ↓ ↓ ↓

진한 교체기 전쟁을 피해 고조선으로 이주하는 중국 유
이민(다른 지역에서 이주해 온 사람)이 많아짐

유목 제국 변천사★★★★

출제빈도가 높은 유목민족은 흉노, 몽골제국, 돌궐, 토번, 거란 등이다.
흉노와 한무제의 관계를 묻는 문제가 자주 출제된다.

흉노

• 대표 영웅 : 묵특 선우(선우는 흉노족 최고 지도자의 명칭)

• 한고조(유방) VS 흉노 전쟁 → 한고조 대패

• 결과 : 한 → 흉노에게

  1) 화번공주(이민족 군주에게 시집보낸 황족의 부녀자) 파견

  2) 술, 비단, 곡물 등 조공

  3) 한나라와 형제맹약으로 동등한 지위 인정

  4) 만리장성 경계로 상대방 영토 침략하지 않기 등

    → 한무제까지 이어져

한무제의 등장

• 흉노를 고비 사막 이북으로 몰아냄

• 고조선을 멸망시키고 낙랑·임둔·현도·진번 등 4군 설치

• 남비엣(남월─지금의 베트남)을 멸망시킴

• 동중서의 건의로 태학과 오경박사를 두어 유교를 진흥

• 흉노를 견제하기 위해 장건을 대월지(월지)에 사신으로 보냄

• 소금과 철 전매제 등

한족의 강남(양쯔강) 이동★★★★★

양쯔강을 경계로 남쪽을 강남, 북쪽을 강북 또는 화북지역이라 한다. 중국 역사에서 북방 유목민족이 강북으로 남하하면 강북에 살던 한족들은 이들을 피해 양쯔강 이남의 강남지역으로 대거 이주하는 패턴을 보인다. 유목민족의 약점은 물에 있기 때문이다. 고려를 침공한 몽골제국이 육지로부터 불과 2km 떨어진 강화도로 옮긴 고려왕실 때문에 진땀을 흘린 것도 이런 약점때문. 양쯔강은 일종의 만리장성이었던 셈이었다.

한족의 강남 이동과 동진 건국

- 5호(흉노·갈·선비·저·강)의 화북지역 남하 → 5호 16국 시대*
- 한족 강남(양쯔강 남쪽)으로 대거 이주 → 동진 건국
- 동진 이후 → 송(고려시대의 송과 혼동하지 말 것) → 제 → 양 → 진의 4개 왕조로 이어짐
  → 진은 수나라에 의해 멸망

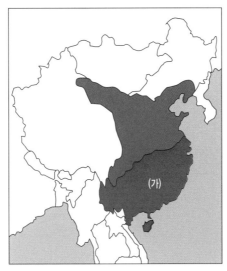

▲ (가) 지역이 양쯔강 이남에 한족이 건국한 동진

*5호 16국 시대 : 선비족이 화북지역을 통일할 때까지 5개 유목민족이
 모두 16개 국가를 세웠다고 하여 붙여진 이름

한족의 강남 이동으로 일어난 일

• 새로운 왕조의 개창으로 이어졌다.

• 선진 문물의 전파로 이주지의 문화가 발달하였다.

• 인구의 증가로 농업 생산력이 늘었다.

북위 효문제의 한화정책★★★

선비족이 화북지역을 통일하며 북위를 세우면서 5호 16국 시대는 끝나고 남북조시대가 열린다. 북위의 효문제가 실시한 적극적인 한화정책을 묻는 문제가 자주 출제된다. 유목민인 선비족과 피지배층인 한족 간에는 사회 제도와 풍습이 달라 갈등 요소가 많았다. 효문제는 이를 해결하기 위해 호어와 호복의 착용을 금지하는 등 적극적인 한화정책을 추진했다.

북위(386~534년)

• 건국 : 선비족 탁발부가 화북지역 통일 후 세운 북조 최
  초의 왕조
• 특징 : 균전제* 실시와 불교 장려(원강석불 조성)
• 동아시아 관계 : 고구려와 조공*·책봉* 관계 형성

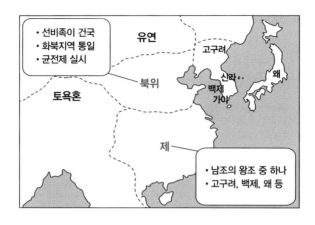

* 균전제 : 북위~수, 당까지 계승된 토지 제도, 당 중기 안사(안록산+사
  사명)의 난으로 붕괴

* 조공 : 종속국이 종주국에 정기적으로 사절을 보내 예물을 바치던 행위

* 책봉 : 중국이 주변 국가나 이민족의 지도자를 임명해 군신 관계 또는
  종주국과 종속국의 관계를 맺었던 외교적 행위

북위 효문제(7대 황제) 한화정책 주요 내용

* 선비족의 호어(胡語)와 호복(胡服)의 착용 금지

* 선비족 성씨 → 한족 성씨로 개명 장려

* 한족과의 통혼 장려

* 삼장제 실시(마을 단위로 세금 징수)

* 균전제도 효문제 작품

Point
09

수와 당 그리고 돌궐 ★★★

북위는 서위와 동위로 분열된 후 서위는 북주, 동위는 북제가 되었다. 북주의 승상이었던 양견은 북주의 왕위를 차지한 후 나라 이름을 수나라로 바꾼 후 남북조시대를 통일한 왕조를 세운다. 한고조 유방이 세운 한나라가 멸망한 후 3600여 년 간에 걸친 혼란기의 종지부를 찍은 것이다.

수나라

- 남북조시대 통일 왕조
- 초대 황제 수문제
- 2대 황제 수양제

수양제

16년에 걸친 大고구려 정벌과 대운하 건설 등으로 국고를 탕진하여 수나라를 빨리 멸망하게 함

당나라

- 수나라 신하 이연이 돌궐의 힘을 빌려
  건국
- 이런 이유로 당나라 초기에는 돌궐과
  군신 관계를 맺기도 함

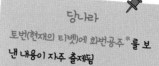

당나라
토번(현재의 티벳)에 화번공주[*]를 보
낸 내용이 자주 출제됨

───────✏

* 화번공주 : 이민족 군주에게 시집보낸 황족의 부녀자로 당나라 뿐 아
니라 한나라 때에도 흉노에 화번공주를 보냈다.

돌궐

- 시필 가한(유목 군주의 칭호) 이연을 도와 당 건국에 힘을 보탬
- 6세기 이후 초원의 강자로 등극하자 북조의 두 왕조 북주
  와 북제는?
  → 조공 바침
  → 돌궐의 공주를 왕후로 맞기 위해 경쟁

───────✏

* 북주와 북제 : 북위는 서위와 동위로 분열된 후 서위는 북주, 동위는
북제가 되었다.

일본 다이카 개신과
다이호 율령 ★★★

다이카 개신(7세기 중엽)

- 성격 : 당 제도의 영향을 받아 군주 중심의 중앙집권 체
  제를 지향한 정치 개혁
- 전개 : 당 유학생 지원을 받은 궁중 세력이 집권 세력인
  소가씨 가문 제거
- 주요 내용
  1) 황실과 여러 호족이 사적으로 소유하는 백성과 사유지
     를 폐지한다.
  2) 대부 이상 관리에게 일정한 수의 민호를 지정해 그로
     부터 거둔 조세를 준다.
  3) 백성에게는 베와 비단을 지위에 따라 준다.
  4) 수도에는 고을마다 장 1인을, 네 고을마다 방령 1인을 둔다.

다이호 율령 반포(701년)

- 율령 : 형벌과 행정에 관한 법규
- 다이호 율령 : 당의 율령을 참고해 만든 일본 최초의 체계적 율령
- 주요 내용

  1) 중앙통치조직 2관 8성제*

  2) 관료 선발 시험 시행(하급 관료)

  3) 7개의 도 아래 국, 군, 리 설치 등

------------✎

*2관 8성제 : 제례를 행하는 신기관(神祇官)과 정치를 관장하는 태정관을 명확히 나누고, 태정관 휘하에 8성(省)을 두어 행정을 담당하는 체제를 만들었다.

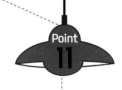

나당연합과 백강 전투★★★

7세기 신라는 백제의 마지막 왕인 의자왕의 침공을 받아 대야성을 비롯한 400여 개 성을 빼앗겨 낙동강까지 밀려나야만 했다. 신라의 김춘추는 고구려에 원군을 요청했으나 거절당한 후 당에 도움을 요청했다. 신라와 당은 서로 동맹을 맺고 백제를 정벌한 후 고구려를 협공하게 된다.

나당연합의 백제 침공 → 백제 멸망(660년)

백강 전투(663년)

• 왜(일본)는 백제 부흥을 돕기 위해(전통적으로 우호 관계를 맺고 있었음) 4만 명의 병력 파병 → 나당연합군에 의해 대패 → 백제 부흥 운동 실패

Point
12

신라시대 장보고와
입당구법순례행기 ★★★

동아시아사는 일본 승려 엔닌이 자주 등장한다. 한·중·일 삼국 간에 문화 교류를 보여주는 대표적인 사례이기 때문이다. 주로 엔닌이 쓴 입당구법순례행기를 통해 장보고와의 연관성을 묻는 문제가 출제된다.

장보고

- 당나라 산둥반도에 법화원(신라인의 불교사찰) 건립
- 청해진*을 통해 해상 무역 주도

─────────✐

*청해진: 지금의 전라남도 완도로 장보고가 해상권을 장악하고 중국과
　일본 사이의 중계 무역을 하던 곳

엔닌

- 일본의 승려
- 입당구법순례행기* 저술

*입당구법순례행기 : 엔닌이 일본을 떠나 9년 간 당나라에 머물렀던 행적을 기록한 책. 당나라와 당나라 내 신라인의 생활을 자세히 기록하고 있다.

엔닌

당 유학 중 장보고의 법화원에서 배편과 숙식 등 여러 차례 도움을 받았다.

동아시아 불교문화의 특징 ★★★

동아시아 불교문화의 특징과 공통점

- 호국 불교

- 유교와 결합(부모은중경 등)

- 토착 신앙과 결합(한국 산신과 용신 등, 일본 신불습합 등)

- 선종의 발전(달마가 창시, 깨달음과 참선을 중시)

- 화장 문화의 보급

동아시아 불교의 국가별 특징

• 중국

   1) 전탑 : 흙벽돌로 만든 불탑

   2) 부모은중경 : 당나라 때 만들어진 것으로 추정되는 불

       교 경전, 부모의 크고 깊은 은혜를 보답하도록 가르침

   3) 위진남북조시대에 불교 확산

   4) 주요 인물

      달마 : 남북조시대 선종*을 창시

      감진 : 당나라 승려, 일본에 계율과 불상, 불경, 약품

      등 전파, 수차례 일본행을 시도하다 두 눈을 실명함

• 한국

   1) 석탑

   2) 산신, 용신 등 전통 신앙과 융합

   3) 삼국의 불교 수용

      고구려 : 4세기 소수림왕(전진)

      백제 : 4세기 침류왕(동진)

      신라 : 6세기 법흥왕(이차돈 순교로 불교 공인/고구려)

   4) 주요 인물

      혜초 : 신라 승려, 인도 순례 후 왕오천축국전 저술

혜자 : 고구려 승려, 일본에 건너가 쇼토쿠 태자의 스승
이 됨

- 일본

1) 목탑

2) 신불습합* 사상의 발전

3) 도다이사 : 8세기 중엽 일본 쇼무 일왕이 국가의 번영
을 기원하기 위해 건립

4) 가마쿠라 막부시대 : 불교의 대중화

5) 주요 인물

엔닌 : 당나라 법화원에서 장보고의 도움을 받음(입당
구법순례행기 저술)

＊선종 : 직관적인 깨달음과 참선을 중시하며 국내에서는 신라 말에 유
행했다.

＊신불습합 : 일본의 전통적인 신앙인 신토와 불교의 융합을 의미

Point
14

송나라의 농업 혁명★★★

농업 혁명 배경

- 농업 기술의 혁신

- 우전* 개발 등 강남 지방을 중심으로 한 농경지 확대

- 용골차(수차) 이용 → 논에 손쉽게 물 공급 가능

- 점성도(조생종 벼)의 도입

  → 척박한 토지에서도 잘 자람

  → 가뭄에도 잘 견딤

  → 이모작(1년에 두 번 작물을 재배) 가능

＊우전 : 둑으로 둘러싸인 논

송나라 낭시 동아시아 생활상

- 한국(고려) : 은병(활구)* 고액 거래에 이용

- 중국(송) : 징더전*에서 생산된 도자기, 동전 각지로 수출

- 일본(왜) : 중국의 동전 대량 유입되어 사용

_____

*은병 : 은으로 제작한 병

*징더전 : 세계적으로 명성을 떨친 중국 최대의 도자기 생산지

과거 제도★★★★

수나라 때 시작 → 당나라 때 정비 → 송나라 때 확립

송나라 과거 제도

- 과거 정례화(3년마다 실시)
- 전시 제도 도입 : 송 태조(황제가 주관하는 과거의 최종 시험)
  → 황제권 강화
- 답안지를 옮겨 적어 채점하는 등 각종 부정 방지책 마련
- 사대부 : 송 대에 과거에 합격해 관료로 진출한 문인층

명/청 과거 제도

- 지원 자격 제한 : 생원*에게만 과거 응시 자격 부여

• 생원 → 거인* → 진사* → 신사*

_____ ✏

*생원 : 학교에서 교육을 받은 계층

*거인 : 생원 중 향시 합격자

*진사 : 거인 중 전시와 회시(중앙 예부에서 실시)에 합격한 자

*신사 : 생원, 거인, 진사 등 학위 소지자와 전·현직 관리를 의미 →
지방 사회의 유력자로서 요역(국가가 백성의 노동력을 무상으로 징발
하는 제도) 면제의 특권이 있었다.

동아시아 각국의 과거제 특징

• 고려

　1) 광종 때 쌍기의 건의로 과거제 도입

　2) 주로 관료와 향리의 자제가 응시

• 조선

　1) 신분상 양인이면 과거 응시 가능

　2) 문과/무과/잡과 실시

　3) 1차 초시, 2차 복시, 3차 전시에서 순위를 결정

• 베트남 : 리 왕조 때 도입

> **조선시대 전시의 특징**
> 임금이 친시하는 문과의 마지막 시험
> 으로 복시 최종 합격자 33인, 성균관
> 성적 우수자 등이 참가해 합/불 없이
> 석차만 정함

훈고학 → 성리학 → 양명학 → 고증학 → 난학★★★★

특정 학문에 대한 제시문을 주고 어떤 특징이 있는지를 묻는 문제가 주로 출제된다. 성리학과 양명학에 대한 내용은 필히 숙지하자. 이들에 대한 개념 만 알아도 어렵지 않게 정답을 고를 수 있다.

유학은 뭐고? 또 유교는 뭐지?

- 유학(儒學) : 선비 유(儒)에 배울 학(學) → 선비가 배우는
  학문
  중국의 공자 사상을 근본으로 정치 · 도덕의 실천을 중시
  하는 전통 학문
- 유교(儒敎) : 선비 유(儒)에 가르칠 교(敎)
  → 유학의 가르침

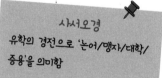

사서오경
유학의 경전으로 '논어/맹자/대학/
중용'을 의미함

훈고학

- 시기 : 한나라, 당나라, 청나라
- 특징 : 가르칠 훈(訓)+주낼 고(故 : 옛날 언어를 의미)
  → 언어 연구를 통해 문장을 바르게 해석하고 고전(古典)
  본래의 사상을 이해하는 학문

성리학(★★★★★)

- 시기 : 송나라 ~ 조선
- 특징 : 유학에 불교와 도교의 장점을 포함한 철학
- 중심인물 : 송나라 주희(주자라고도 함) 외 정호, 정이

◀ 주희

주희의 저서
사서집주(청나라 사고전서와 혼동할
수 있으니 주의!)

- 주요 이론 : 심성론*, 이기론*, 거경궁리*, 격물치지*
- 동아시아 확산에 기여한 인물

　한국 : 이황과 이이 → 서원의 건립과 향약 시행

　일본 : 강황, 후지와라 세이카, 하야시 라잔

　베트남 : 레 왕조*의 타인똥*

———————— 🖊

*심성론 : 심(心)·성(性)·정을 중심으로 인간 존재의 양상을 다룬 유학 이론

*이기론 : 이(理)와 기(氣)의 원리로 자연·인간·사회의 존재와 운동을 설명하는 이론

*거경궁리 : 성리학의 수양 방법 → 마음을 경건하게 하여 이치를 추구하는 것
　거경 : 궁리에 임할 때의 마음 자세
　궁리 : 만물의 이치를 터득하는 것

*격물치지 : 성리학의 수양 방법 → 사물에 대해 깊이 연구해 지식을 넓히는 것
　격물 : 사물에 대해 깊이 연구
　치지 : 지식을 넓히는 것

*레 왕조 : 명나라에서 독립한 왕조

*타인똥 : 레 왕조의 4대 왕, 사서를 중심으로 신유학 보급

양명학

- 시기 : 명나라 중기
- 중심인물 : 왕양명
- 배경 : 형식적이고 이론적으로 치우치는 성리학에 대한 비판 → 실천을 강조
- 주요 이론 : 심즉리*와 지행합일설*

───────────

＊**심즉리** : 성리학처럼 심(心)과 성(性)을 구분하지 않고 '심(心)이 곧 이(理)'라는 의미

＊**지행합일설** : '지식을 알고 행하지 않으면 진짜로 아는 것이 아니다.' 라는 의미

고증학

- 시기 : 명나라 말기 + 청나라 초기
- 특징 : 실증적 고전 연구의 학풍 또는 방법
  → 조선시대 실학과 북학사상에 영향을 끼침

일본의 난학

- 시기 : 에도시대
- 특징 : 네덜란드에서 나가사키를 통해 일본에 전래된 지
  식을 연구한 학문
- 대표 서적 : 해체신서(의학서)

전연의 맹약 요나라★★★

요나라

- 성립 : 916년(야율아보기에 의해 시라무렌강 유역의 거란 부족

  통합 및 국가 수립)

- 특징 : 군사 제도는 이원적 통치 체제인 북면관* · 남면관

  제* 실시

  → 유목민과 한인(농민 등) 구분 통치+고유 문자인 거란

  문자 제정(돌궐 : 유목민 최초의 문자 사용!)

  → 유목민의 문화적 정체성을 지키고자 노력

- 역대 수도 : 중경, 남경, 상경, 동경, 서경 등

- 동아시아에 끼친 영향

  1) 발해 정복

2) 만리장성 이남의 연운 16주 획득

　　→ 한 왕조인 후진을 도운 대가로 확보한 지역

　　　　3) 송과 전연의 맹약 체결

　　→ 송의 재정 손실이 막대해지자 왕안석

이 재정 확대와 국방력 강화를 추진하기

위해 신법을 추진

4) 수차례 고려 침략

　　→ 1차 침략 당시 고려는 서희의 외교 담판으로 강동

6주 획득

5) 송나라와 금나라(여진) 연합으로 패망(1125년)

전연의 맹약

송은 매년 비단(20만 필)과 은(10만

냥)을 요나라에 상납

맹안모극제와 주현제의 금나라 ★★★★

금나라

- 성립 : 1115년(아골타가 만주 일대의 여진족 통합 및 국가 수립)
- 특징
  1) 군사 제도는 이원적 통치 체제인 맹안모극제* · 주현제* 실시
  2) 여진 문자 사용 등 문화적 정체성 지키기 위해 노력
  3) 송과 요나라 정벌 이후 송나라 침공 정강의 변* 통해 화북지역 점령
     → 송은 남으로 밀려남(남송시대 개막)
- 동아시아에 끼친 영향
  1) 남송과 강화 조약 체결(막대한 물자 제공을 조건으로 송과

군신 관계 체결)

2) 고려와 조공 · 책공 관계 형성

_____ 🖉

＊맹안모극제 : 여진족 등 유목민 통치

＊주현제 : 한족(농민) 등 비유목민 통치

＊정강의 변 : 수도(변경 또는 카이펑)를 함락시키고 황제를 포로로 잡은
  사건

강화 조약

금 황제가 남송 황제를 책봉 → 남송
의 황제는 신하의 예를 취한다.
남송은 매년 비단 25만 필과 은 25만
냥을 금에게 바친다.

몽골제국(원)+색목인+가마쿠라 막부 ★★★

몽골제국(원나라)

- 성립 : 태무친 쿠릴타이*에서 칭기즈 칸 추대(1206년)
- 특징

  1) 천호 · 백호제 재편(칸 중심으로 군사력 결집)

  2) 파스파 문자(몽골어용) 사용 등 문화적 정체성 지키기

    위해 노력

  3) 색목인(서역 민족)을 재정 관료로 등용
- 동아시아에 끼친 영향

  1) 호라즘 함락(비단길 장악)

  2) 모스크바와 키예프 점령(초원길 장악)

  3) 고려 부마국으로 복속, 금＋남송 정복

4) 쿠빌라이 칸 : 대도를 수도로 삼고 + 지방 행정 구역 10개 행성으로 정비

　5) 다루가치* 파견으로 지배 질서 확립

6) 대월 침략(베트남) : 세 차례에 걸쳐 쩐 왕조 공격 → 쩐흥다오 '바익당강' 전투 활약으로 몽고군 패배 → 항전 과정에서 대월사기* 편찬

_____ ✎

*쿠릴타이 : 중대한 일이 생겼을 때 소집하는 몽골 부족 수장들의 집회

*다루가치 : 몽골제국이 점령지에 파견한 관리

*대월사기 : 1272년 저술된 베트남의 고대사를 다룬 사서

중국의 역대 왕조와 수도 ★★★

중국의 역대 왕조 수도(시대 순−시험에 자주 출제되는

수도 기준)

• 한나라 : 장안

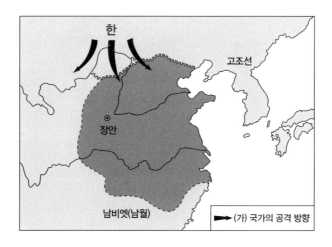

• 당나라 : 장안

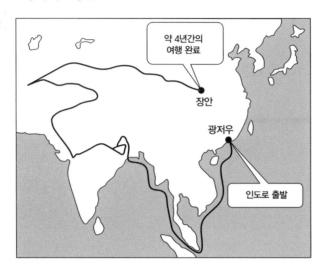

• 송나라 : 변경(카이펑)

• 원나라 : 대도

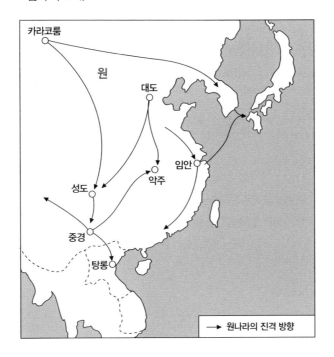

- 중국의 역대 왕조(5호 16국 시대)

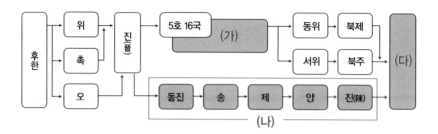

(가) : 북위(북조 : 유목민 왕조)

(나) : 남조(양쯔강 이남 한족 왕조)

(다) : 수(大고구려 정벌 전쟁을 벌인 통일 왕조)

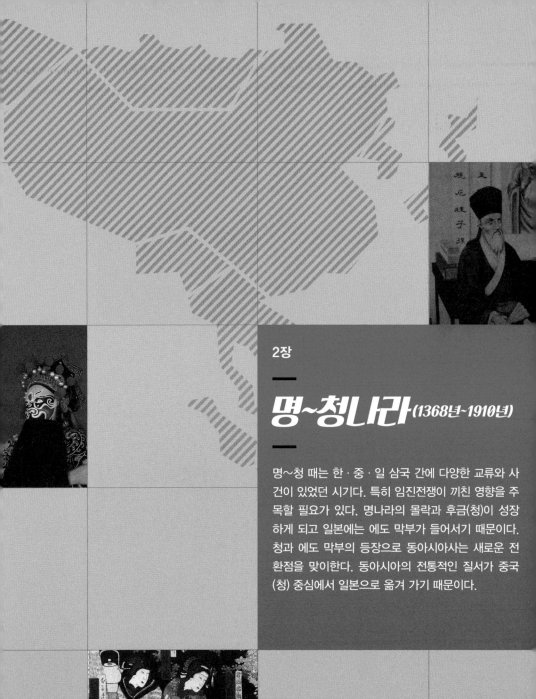

2장

명~청나라 (1368년~1910년)

명~청 때는 한 · 중 · 일 삼국 간에 다양한 교류와 사건이 있었던 시기다. 특히 임진전쟁이 끼친 영향을 주목할 필요가 있다. 명나라의 몰락과 후금(청)이 성장하게 되고 일본에는 에도 막부가 들어서기 때문이다. 청과 에도 막부의 등장으로 동아시아사는 새로운 전환점을 맞이한다. 동아시아의 전통적인 질서가 중국(청) 중심에서 일본으로 옮겨 가기 때문이다.

Point 01

명 해금정책과 감합무역★★★★★

감합무역은 본문 뿐 아니라 보기 등에서도 출제빈도가 높은 키워드! 해금정책의 영향을 묻는 문제가 자주 출제된다. 감합무역도 해금정책의 영향을 받아 이뤄진 명과 왜국 간의 무역 형태라 할 수 있다. 해금정책과 류쿠국의 관계를 묻는 문제가 빈번하게 출제된다.

명 해금정책(1449~1571년)

- 명, 청의 해상 교통 · 무역 · 어업 등에 대한 제한 정책
- 배경

  1) 농촌의 안정을 중시해 상품 생산과 화폐 유통 제한

  2) 민간의 국외 무역 금지

  → 명 황제 책봉 나라들의 공식 사절을 통한 조공 형식 무역만 허용

• 결과

  1) 류쿠국* 중계 무역으로 번성

  2) 명 → 일, 무역 허가증인 감합 발급

---

*류쿠국 : 현재 일본 오키나와 일대에 있던 독립 왕국으로 중계 무역을 통해 번성하였으나 1879년에 일본에 강제 병합되었다.

감합무역

> 감합무역
> 주로 명나라와 일본 사이에서 이루어짐

• 배경

  1) 조공 무역은 주변국 당사자들에게 많은 경제적 이익 제공

  2) 직업 상인들 + 해적까지 조공 사칭할 정도 → 감합무역

  3) 조공을 원하는 주변국에 일정한 형태의 무역 허가증 (감합) 발급

  4) 감합의 진위를 확인해 상인이나 해적들의 조공 사칭 문제를 방지

연은분리법(회취법)의
일본 전래와 은 유통 ★★★★

연은분리법은 조선에서 최초로 개발한 기술이다. 연은분리법이 일본에 전래되면서 일본의 은 생산량이 증가하고 이는 동아시아에 은의 길을 등장시켰다. 주로 연은분리법의 전래가 동아시아에 끼친 영향을 묻는다.

연은분리법(회취법)의 일본 전래

- 연은분리법(회취법) : 16세기 초 조선에서 개발한 은 제련 기술 → 은광석과 납을 함께 녹인 후 순은을 얻는 방법
- 연은분리법의 일본 전래에 따른 영향

  1) 이와미 은광 등 일본 내 은광에 연은분리법 적용

  2) 은 생산량 증가(16세기 말 기준 전 세계 은 생산량의 1/3차지)

  3) 명, 조선, 포르투갈 상인에게 무역의 결제 대금으로 활용

  4) 은광 개발 본격화

  5) 은의 길 등장 : 일본 은 → 조선 → 중국(랴오둥, 베이징)

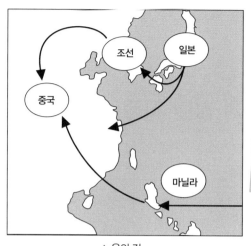

▲ 은의 길

은의 길

중국의 비단과 생사, 조선의 인삼 등이 일본에 유입

- 에도 막부 등장으로 17세기 이후 생산량 감소

  → 금과 은의 해외 유출 통제, 은화의 순도를 낮추는 정책 등

아메리카 은의 유통

- 아메리카 대륙 은 생산 증가(16세기 중엽)
- 에스파냐 갈레온 무역(마닐라), 포르투갈 상인(마카오), 네덜란드 동인도 회사 등을 통해 무역의 결제 수단으로 동아시아에 대량 유입

명의 일조편법과 청의 지정은제★★★

명의 일조편법

- 일조편법 : 부역과 조세를 은으로 납부하게 한 제도
- 배경
  1) 원 말기 지폐인 교초의 가치 폭락 → 은 가치 폭등
  2) 명 초기 고액권 지폐인 보초와 동전 유통을 장려(은 사용 금지)
  3) 보초에 대한 불신 → 민간에서 은 사용 증가(상공업 발달과 보초에 대한 불신 등)
  4) 경제의 발달로 세금의 항목, 종류 증가 → 농민 생활 압박 → 일조편법
- 영향 : 청의 지정은제로 이어짐

청의 지정은세

- 지정은제 : 정세(일종의 인두세)를 지세(地稅)에 합쳐 은으로 징수하는 제도
- 명과 청 시대는 은 본위* 경제 체제가 확립됨 → 아편 전쟁의 원인이 되기도 함

_____✎

*은 본위 : 화폐 제도의 기준을 은으로 정하고 은화를 화폐로 사용한 제도

마테오리치-곤여만국전도 ★★★

마테오리치

- 시기 : 명나라 말기(16, 17세기)
- 신분 : 예수회 선교사

▲ 마테오리치

- 업적 : 세계 지도인 곤여만국전도 제작 → 동아시아의 세계관 확대에 기여
- 저서 : 천주실의* → 동아시아와 서구와의 교류를 묻는 문제 출제 시 단골손님

*천주실의 : 동아시아 전통사회에 천주교 사상을 정착시키고, 서구 윤리 사상의 유포에 기여

서구와의 교류가 동아시아에 끼친 영향

- 일본 : 의학서인 해체신서 번역(일본 에도시대)

청나라(천계령, 팔기군, 삼번의 난, 사고전서, 연행사) ★★★★

선지로 자주 출제되니 각 용어마다 내용 꼼꼼히 알아둘 것

천계령

- 내용 : 해안가 주민을 내륙으로 이주시키는 정책
- 배경 : 타이완 정성공 세력의 반청복명(청나라를 물리치고 명나라를 다시 회복하자는 운동)

팔기군

- 내용 : 청나라 시기 군사 및 행정 제도(만주족+몽골족+한족 등)

- 8개 색상의 깃발에 따라 편성된 군대라는 의미에서 팔기
  (八旗)군이라 불림

삼번의 난

- 삼번 : 청 건국에 공을 세운 3명의 한족(오삼계 외 2명)이
  다스리던 영토
- 배경 : 강희제의 철번(삼번 폐지) 정책
- 결과 : 실패

> **삼번의 난**
> 삼번 중 오삼계 세력이 가장 커서 '오
> 삼계의 난'으로도 불림

사고전서(2016년 6월에 출제)

- 내용 : 청 왕조가 중국 역대 문헌을 수집해 경(經)/사(史)/
  자(子)/집(集) 4부로 분류한 총서* → 경(經) : 유교경전,
  사(史) : 역사서, 자(子) : 철학서, 집(集) : 문집

＊총서 : 일정한 주제에 대해 서로 다른 저자들의 저술을 모은 책

연행사

- 내용 : 조선에서 청나라로 파견한 사신
- 파견하는 국가에 따라 수신사*, 보빙사*, 통신사* 등 사신 명칭을 달리함

*수신사 : 통신사를 근대적 의미에서 개명한 이름

*보빙사 : 조선(고종)이 최초로 미국에 파견한 사절단(1883년)

*통신사 : 조선시대 일본의 막부에 파견한 공식 사절단

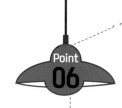

Point
06

일본 오닌의 난과
센고쿠시대(전국시대) ★★★★

선지로 자주 출제되는 개념이다.

일본 오닌의 난

- 시기 : 1467~1477년(무로마치 막부)
- 배경 : 쇼군의 후계자를 둘러싼 다이묘(각 지방의 유력자)
  들의 대립으로 벌어진 내전
- 결과
  1) 오닌의 난으로 막부의 권위 추락
  2) 사회 전체적으로 하극상 풍조 만연(무사와 농민의 반란 등)
  3) 다이묘 : 자신의 영지를 지역 국가화 → 센고쿠시대(전
     국시대) 개막

센고쿠시대(전국시대)

- 시기 : 오닌의 난 이후 ~ 1590년
- 내용 : 오닌의 난 이후 약 1세기 동안 지속된 다이묘들의
  내전 → 암살과 하극상이 빈번하던 혼란기
- 종결 : 도요토미 히데요시에 의해 전국시대 통일

도요토미 히데요시
일본 통일 후 임진전쟁을 일으킴

임진왜란? 임진전쟁!
동아시아에서는 왜란과 호란이라는
표현을 쓰지 않는다. 왜란과 호란은
상대방을 낮춰 부르는 용어라 동아시
아에서는 전쟁이라는 표현을 쓴다.

일본의 성리학과 국학 ★★★

일본의 성리학

• 중심인물

1) 후지와라 세이카(승려)

조선인 강황의 도움을 받아 사서오경왜훈 간행

하야시 라잔 등 제자 양성

2) 강황(조선인 선비)

정유재란 당시 포로로 일본에 끌려감

후지와라 세이카 등 일본 지식인과 교류하면서 일본

성리학 발전에 기여

귀국 후 간양록(일본에서 보고 들은 것을 기록한 책) 발간

3) 하야시 라잔

후지와라 세이카의 제자

성리학 토대로 에도 막부의 제도, 의례 정비 → 에도 막부의 관학으로 정착

성리학을 신분 관계의 기초를 확립하는 사상으로 이해

일본의 국학

• 중심인물 : 모토오리 노리나가

• 특징

1) 에도시대 중기부터 유행

2) 중국적 사고방식을 철저히 배제해야 진심에 도달

3) 일왕 중심의 국가주의적 색채

4) 고대 일본의 고전을 연구해 일본 문화의 우월성 주장

5) 성리학에 대한 비판 의식

정묘전쟁과 병자전쟁 ★★★

정묘전쟁(1627년)

- 내용: 인조 때 만주의 여진족이 세운 후금(청)의 침입으로
  일어난 전쟁
- 배경
  1) 누르하치가 후금 건국(1616년) 만주 통일 + 팔기군 통
     해 군사력 강화
  2) 중립 외교 펼치던 광해군 인조반정으로 폐위 → 친명
     배금 정책 강화
  3) 여진을 피해 조선으로 도망한 명 장수 모문룡에 대한
     조선의 지원 확대

- 전개
  1) 후금 몽골과 연합해 3만 명 군대 파견 → 2개월 간 지속
  2) 후금 조선에 형제 관계 제의 → 수락(후금에 무역 개방, 목면 등 물품 제공 약속)

병자전쟁(1636년)

- 내용 : 군신 관계 요구 및 황제 칭호 사용에 반발한 조선에 대한 청나라의 재침
- 배경 : 조선 친명배금 정책 유지 → 청의 군신 관계 요구 및 황제 칭호/연호 사용 반발
- 전개 : 인조 남한산성 피신 → 남한산성 포위로 고립 → 삼전도에서 인조 항복
- 결과 : 명과 국교 단절, 청과 조공 · 책봉 관계 체결

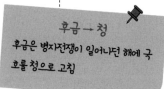

후금 → 청
후금은 병자전쟁이 일어나던 해에 국호를 청으로 고침

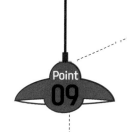

에도 막부(산킨고타이 제도와 슈인선) ★★★

에도 막부(1603~1867년)

- 도요토미 히데요시 사후 도쿠가와 이에야스가 일본을 통일하고 에도(도쿄)에 수립
- 막부*의 시대 순 정렬 : 가무쿠라 막부 → 무로마치 막부 → 에도 막부

*막부(幕府) : 일본의 무사 정권을 지칭하는 말. 한자로는 '장군의 진영'이란 뜻이다.

산킨고타이 제도

- 에도 막부의 다이묘 통제책
- 특징
  1) 다이묘들의 처자 에도에 인질로 거주(거주 비용 등 모두 해당 다이묘 부담)
  2) 다이묘들은 1년마다 자신의 영지와 에도를 교대로 왕래
     → 다이묘들의 재정 약화 + 인질 등을 토대로 반란을 억제

슈인선

- 슈인장*을 받은 사무역선(16세기 말~17세기 전반)
- 슈인선 무역의 영향
  1) 동남아시아 각지에서 일본인 마을 '일본정' 생겨남
  2) 일부 다이묘 세력의 재정 수익 증가 및 크리스트교 등의 유입
     → 에도 막부가 17세기 이후 쇄국정책(해금정책)을 단행하는 이유

＊슈인장 : 에도 막부가 일본 무역선의 신용도를 높이기 위해 발급한 인
증서

＊신패 : 막부가 17세기 이후 청나라 상선의 수를 제한하기 위해 발급한
무역 허가증

신패＊

신패와 슈인선은 동시대

미일화친조약과 미일수호통상조약★★★

미일화친조약(1854년)

• 원인 : 미국 페리 함대의 군사력 과시와 수교 요구에 굴복(1853년)

• 결과 : 미일화친조약 체결

• 내용

1) 2개 항구 개항(시모다, 하코다테)

2) 영사 주재 허용

3) 미국에 최혜국 대우* 인정

*최혜국 대우 : 조약을 체결한 나라 중 최고로 유리한 혜택을 적용하는 행위

미일수호통상조약(1858년)

- 원인 : 미국의 통상 자유화 주장
- 결과 : 미일수호통상조약 체결
- 내용
  1) 추가 개항(가나가와, 나가사키, 니가타, 효고 등)
  2) 무역 자유화 및 협정 관세* 채택(관세 자주권 침해)
  3) 미국의 영사 재판권* 인정(법적 주권 침해)

*협정 관세 : 외국과의 통상 조약 또는 관세 조약에 의해 과세되는 관세
*영사 재판권 : 미국인이 일본에서 범죄를 저질러도 일본법 아닌 미국
법 적용

이와쿠라 사절단(1871년)

- 성격 : 메이지 정부가 서양에 파견한 최대 규모의 유학생
  단체
- 목적 : 서양 여러 나라와의 외교 및 선진 문물 습득
- 특징 : 사절단의 절반 이상이 핵심 관리들로 구성

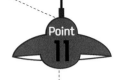

Point
11

일본 존왕양이 운동과
에도 막부의 몰락 ★★★★

선지로 자주 출제되는 개념이다.

일본 존왕양이 운동

- 내용 : 일본 에도시대 말기에 일어난 외세 배격 운동
- 배경 : 미일화친조약(1854년), 미일통상조약(1858년) 체결
- 전개 과정
  1) 에도 막부 → 고메이 일왕의 승인을 받지 않고 불평등
     조약인 미일통상조약 체결
  2) 반막부 세력 존왕양이* 운동 전개
  3) 에도 막부 → 존왕양이 운동 탄압
  4) 막부 붕괴 → 일왕 중심의 정권 수립

• 동아시아에 끼친 영향

1) 쇼군을 중심으로 한 무인정권인 막부시대 붕괴 및 중앙집권 체제 확립

2) 고메이 일왕의 뒤를 이어 메이지 일왕 집권 → 메이지 유신으로 연결

＊존왕양이 : 일왕을 받들고 서양 세력을 몰아내자!

메이지 유신과 류쿠국★★★

메이지 유신(1868년)

- 의의 : 일왕을 중심으로 한 중앙집권 국가 수립 및 개혁
  → 에도 막부 몰락
- 내용
  1) 중앙집권 체제 확립(폐번치현*)
  2) 징병제 실시
  3) 신분제 개혁 및 소학교 의무 교육 실시 및 대학 설립
  4) 근대적 토지세 및 식산흥업* 정책을 통한 재정 안정
     추진
  5) 열강과의 불평등 조약 개정 노력 등

*폐번치현 : 봉건적 토지 지배 방식인 번은 폐지, 중앙집권 체제인 현
을 설치

*식산흥업 : 메이지 정부가 서양 제국에 맞서 산업, 자본주의를 육성하
여 국가의 근대화를 추진한 여러 정책

> 헌법의 성격
> 인권에 대해 제한적 인정
> 일왕 신성불가침 존재 → 입법, 사법,
> 행정 전권 부여

자유 민권 운동(1870년대)

• 내용 : 메이지시대에 열린 민주주의를 요구했던 일본의
정치, 사회 운동

• 전개 : 서양식 입헌 제도의 도입 요구 → 메이지 정부 탄
압 → 선진 정치 제도 필요성 인정 → 헌법 제정(1889년)

류쿠국 병합(1879년, 지금의 오키나와)

• 특징

1) 중계 무역으로 번성(명의 해금정책으로 반사 이익)

2) 수도 슈리성(류쿠국 국왕이 머물던 성)

3) 메이지 유신 이후 일본의 영토로 편입됨

아편 전쟁★★★★

제1차 아편 전쟁(1840~1842년)

• 배경 : 영국은 무역 적자 만회를 위해 인도산 아편을 청에 밀수출하는 삼각 무역 전개

• 삼각 무역의 배경

1) 처음에는 편무역 방식

2) 청은 특권상인조합인 공행을 통해서만 교역을 허용

3) 영국은 청으로부터 도자기와 차 수입 → 은으로 대금 지급

4) 영국의 무역 적자 확대

• 전개 : 청 조정 임칙서 파견 아편 몰수 및 단속 → 영국 무력 대응(아편 전쟁 시작)

- 결과 : 청 패배 → 난징 조약 체결

제2차 아편 전쟁(1856~1860년)

- 배경 : 청 영국의 무역 확대 요구 거절 → 영국과 프랑스
  는 베이징과 톈진 점령
- 결과
  1) 톈진 조약과 베이징 조약 체결
  2) 추가 개항
  3) 베이징에 외교관 주재
  4) 크리스트교 선교의 자유
  5) 영국에 주룽반도 할양 등

러시아의 이득
베이징 조약의 중재 대가로 연해주
차지

난징 조약과 강화도 조약★★★★★

난징 조약과 강화도 조약은 불평등 조약이라는 공통점 때문에 출제빈도가 높다!

난징 조약(1842년)

• 청나라가 아편 전쟁 패배 이후 영국과 체결한 불평등 조약

• 주요 내용

  1) 5개 항구 개항(광저우, 샤먼, 푸저우, 닝보, 상하이)

  2) 홍콩을 영국에 할양

  3) 청의 관세 자주권 상실

  4) 공행(청나라 특권상인조합)의 폐지

  5) 영국의 영사 재판권과 최혜국 대우 인정 등

강화도 조약(1876년)

- 일본이 일으킨 운요호 사건을 계기로 조선과 일본이 맺은 불평등 조약
- 주요 내용
  1) 3개 항구 개항(부산, 원산, 인천)
  2) 일본의 해안측량권* 허용
  3) 일본의 영사 재판권* 인정 등

  ✐
  _____

*해안측량권 : 조선의 해안을 마음껏 측량할 수 있는 권리

*영사 재판권 : 일본인이 한국에서 범죄 저질러도 한국법 아닌 일본법 적용

태평천국 운동과 동학 농민 운동★★★★

> 태평천국 운동과 동학 농민 운동의 공통점을 묻는 문제가 자주 출제된다.

태평천국 운동(1851~1864년)

• 내용 : 홍수전이 크리스트교의 영향을 받아 만주족(청 왕조) 타도(멸만흥한)를 목표로 봉기

• 전개 과정 : 난징을 수도로 태평천국 수립

  → 결과 : 실패(증국번, 이홍장 등 한인 관료와 외국 군대에 의해 진압)

• 주요 특징

  1) 멸만흥한(만주족의 청 왕조 타도)

  2) 남녀평등과 신분제, 전족* 폐지

  3) 천조전무 제도* 실시를 통한 토지 배분 → 농민의 지지를 받음

• 의의 → 양무운동 등 근대화 운동의 계기를 마련

━━━━━━━ 🖋

＊전족 : 여자의 발을 작게 만들던 풍습

＊천조전무 제도 : ① 토지를 9등분하여 남녀 및 연령에 따라 균등하게 분배한다. ② 한 가족의 필요 이상은 국가에 귀속시켜 불구자나 무의탁자의 생활에 충당한다. ③ 토지의 사유를 인정하지 않았다.

동학 농민 운동(1894년)

• 내용 : 전봉준이 척왜양창의＊를 구호로 일으킨 농민 운동
• 주요 특징
　1) 폐정개혁안 12개 항목 제시 등 정치와 사회 개혁을 주장
　2) 폐정개혁안 12개 항목의 주요 내용 : 탐관오리 처벌,
　　 신분제 폐지, 토지 균등 분배 등
• 결과 : 일본군과 관군의 진압으로 실패

━━━━━━━ 🖋

＊척왜양창의 : 일본과 서양을 배척하여 의병을 일으킨다!

양무운동★★★

양무운동(1861~1894년)

- 성격 : 중체서용(중국의 전통을 지키면서 서양의 군사력과 과
  학 기술 수용)의 원칙 아래 서양의 근대적 과학 기술을 받
  아들이고자 한 개혁

> 지금 서학을 채용하려고 한다면 광둥과 상하이에 각기 번
> 역공소를 설치하고 가까운 지역의 15세 이하 총명한 학생을
> 골라 각국의 언어와 문자를 배우게 하고 내지의 명사를 초빙
> 하여 경전과 사기 등을 배우게 하되 산학(算學)을 겸하여 익히
> 도록 한다. (중략) 만약 중국의 유교적 가치를 근본으로 삼고,
> 서양의 기술을 가지고 이를 보강한다면 가장 좋은 것이 아니
> 겠는가?

▲ 중체서용론

- 배경 : 아편 전쟁의 패배와 태평천국 운동 등으로 청 내부 위기감 고조
- 주도 세력 : 이홍장, 증국번 등 태평천국 운동을 진압한 한족 관료층
- 특징
  1) 강병책 : 근대적 군수 공장 설립 및 해군 창설
  2) 부국책 : 방직 공장, 기선 회사 등 근대적 기업 설립
  3) 인재 양성 : 신식 학교 설립, 유학생 파견, 각종 서적 번역 등
- 결과
  1) 청일 전쟁의 패배로 한계 노출
  2) 행정과 정치 제도의 개혁 부진(보수파 관료들의 견제)
  3) 기업 경영에 있어 관리들의 부당한 간섭, 자금과 판매망 부족 등
     → 중체서용의 한계를 벗어나지 못해 중국 사회를 근본적으로 바꾸지 못함

동아시아에 끼친 영향

- 조선의 온건 개화파에 영향을 미침(양무운동과 관련해 중요한 개념)

청일 전쟁과 삼국 간섭★★★★

선지로 자주 출제된다.

청일 전쟁(1894~1895년)

• 배경 : 동학 농민 운동을 계기로 조선을 둘러싼 청과 일
본 대립

• 결과 : 일본의 승리 → 시모노세키 조약 체결(1895년)

시모노세키 조약
청→일, 타이완과 랴오둥반도 할양.
4곳 추가 개항, 거액의 배상금 지급

삼국 간섭

- 배경 : 러시아, 프랑스, 독일 삼국 → 일본의 랴오둥반도 할양에 반대
- 결과 : 삼국의 압력에 굴복한 일본은 청에 랴오둥반도 반환

삼국 간섭 이후
러시아와 일본은 한반도와 만주를 두고 대립 격화

Point
18

사회진화론 ★★★★

사회진화론은 '약육강식은 자연의 법칙'이라는 이론으로 중국에서는 변법 자강 운동의 논리가 된 반면, 일본에서는 식민지배의 논리로 활용되었다. 사회진화론이 동아시아 각국에 끼친 영향을 묻는 문제가 자주 출제된다.

사회진화론 주요 내용

단체 결집력이 약한 존재들은 필히 결집력이 강한 존재들에 의해서 멸망을 당하고, 힘이 약한 자는 힘이 센 자에 의해서 점령당한다. (중략) 세계가 진보해 가면서 생존을 위해서 요구되는 단체 결집력의 수준도 계속 높아진다. 그 수준을 따라가지 못해 몰락하는 것은 가히 두려워할 만한 일이다. 만물의 단체들이 서로 경쟁하는 것이 자연의 공고화된 법칙이다.

- 결집력이 약한 존재들은 필히 결집력이 강한 존재들에 의해서 멸망

- 힘이 약한 자는 필히 힘이 센 자에 의해서 점령

• 만물의 단체들이 서로 경쟁하는 것이 자연의 공고화된 법칙

→ 쉽게 정리하면 '약육강식은 자연의 법칙'이다!

사회진화론이 끼친 영향

• 변법자강 운동 : 량치차오는 사회진화론에 의한 자본주의적 문명화 주장함
• 일본 : 제국주의 팽창과 식민지배 정당화에 활용

변법자강 운동★★★★★

사회진화론은 '약육강식은 자연의 법칙'이라는 이론으로 중국에서는 변법자강 운동의 논리가 된 반면, 일본에서는 식민지배의 논리로 활용되었다. 사회진화론이 동아시아 각국에 끼친 영향을 묻는 문제가 자주 출제된다.

변법자강 운동(1898년) (→ 무술변법으로도 불림)

- 량치차오, 캉유웨이 등 변법론자들이 주도한 개혁
- 입헌 군주제 도입 + 과거제 개혁 + 신교육 실시 + 상공업 진흥 등
- 이론적 배경 : 사회진화론(Point18 참고할 것)
- 결과 : 실패(서태후 등 보수파 반격으로 100여 일 만에 실패함)

동아시아의 서민 문화 ★★★★

동아시아의 서민 문화는 공통적으로 소설, 공연, 미술 등이 발달했다는 점과 나라별 특징 정도만 알면 어렵지 않게 풀 수 있다. 동아시아 각국의 서민 문화(탈춤 또는 경극 등)를 지문으로 보여준 후 당시의 동아시아 상황에 대해 묻는 형태가 자주 출제된다.

중국의 서민 문화

- 시기 : 명나라, 청나라
- 배경 : 도시 발달과 인구 증가(서민의 증가) → 소비문화 발달
- 특징 : 소설, 희곡, 미술 등 발달
- 대표 작품

  소설 : 홍루몽, 금병매, 서유기, 수호전, 삼국지연의 등

  희곡 : 경극 등 각 지역 고유의 희곡 발전

  미술 : 생활과 민간 풍속을 묘사한 그림

한국의 서민 문화

- 시기 : 조선 후기
- 배경 : 실학사상, 서당을 통한 교육의 보급 등
- 특징 : 소설, 공연, 미술 등 발달
- 대표 작품

  소설 : 대중적인 한글 소설(홍길동전, 춘향전 등)

  공연 : 판소리, 탈춤 등 가면극(춘향가, 흥부가 등)

  미술 : 김홍도와 신윤복의 풍속화/민화 등

일본의 서민 문화

- 시기 : 에도 막부기
- 배경 : 도시와 상공업 발달, 중산층(조닌)* 성장
- 특징 : 문학, 공연, 미술 등 조닌 문화 발달
- 대표 작품

  문학 : 남녀의 사랑이나 상인의 생활을 다룬 작품들

  공연 : 가부키(연극), 노가쿠(가면극), 분라쿠(인형극) 등

  미술 : 판화(우키요에 : 게이샤, 배우, 풍속 묘사), 꽃꽂이, 정
  원 장식 등

* 조닌 : 17세기 성장한 사회 계층. 도시에 거주하던 상인과 수공업자를 의미

베트남의 서민 문화

• 특징 : 한자나 쯔놈*으로 쓰인 민간 작품 출현, 수상 인형극

*쯔놈 : 베트남어를 적기 위해서 만든 한자에 바탕을 둔 문자 체계

Point
21

러일 전쟁★★★

러일 전쟁(1904~1905년)

- 배경 : 한국과 만주 지배를 둘러싼 러시아와 일본의 갈등
- 결과 : 일본 승리로 포츠머스 조약 체결
- 포츠머스 조약 내용

첫째, 한국에 있어서의 일본의 우월권을 승인한다.
둘째, 청국 정부의 승인을 전제로 요동반도의 조차권과 장춘
(長春), 여순(旅順) 간의 남만주 철도를 일본에 위양할 것
셋째, 북위 50도 이남의 사할린을 일본에 할양할 것
넷째, 연해주 연안의 어업권을 일본에 허락할 것

- 영향 : 한국 을사조약* 체결로 외교권 박탈(1905년)

*을사조약 : 1905년 을사년에 러일 전쟁에서 승리한 일본이 대한제국의 외교권을 박탈하기 위해 강제로 체결한 조약

동아시아의 근대화 ★★★

신문＋시계탑＋철도

동아시아 각국의 근대 신문 및 잡지 발행

• 한국

　한성순보 : 조선 최초의 근대 신문(정부가 순 한문으로 발행)

　독립신문 : 조선 최초의 민간 신문(한글과 영문 발행)

• 중국

　신보 : 영국 상인 어니스트 메이저가 청의 개항장*인 상

　하이에서 1872년 창간

　→ 신보를 비롯해 시보, 대공보 등 개항장과 조계지에서

　발간

• 일본

신분시 : 일본 최초의 민간 신문(에도 막부 시기 창간)

요코하마 마이니치신문 : 일본 최초의 일간지(메이지 유신 이후 개항장에서 발행)

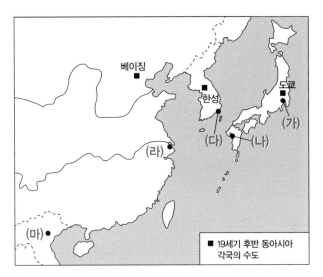

(가) : 요코하마 → 요코하마 마이니치신문 발행

(나) : 나가사키 → 에도 막부 당시 네덜란드 상관*이 있던 곳(인공섬 데지마)

(다) : 부산 → 강화도 조약 당시 개항한 항구 중 하나(왜국과 교역하던 초량왜관이 있던 곳)

(라) : 상하이 → 영국 상인 어니스트 메이저가 신보를 창간한 곳

(마) : 하노이 → 프랑스 식민지 당시 베트남 수도(작은 파리로 불림)

＿＿＿＿＿＿ 🖊

＊개항장 : 외국인의 내왕과 무역을 위해 개방한 제한 지역(항구)

＊상관 : 왜관과 같은 기능

양력 및 근대적 시간관념의 도입

• 한국 : 양력(태양력) 개항장에서 먼저 사용 → 을미개혁 (1895년) 때 도입
• 중국 : 중화민국 수립 이후 태양력 사용(1912년)
• 일본 : 동아시아 최초로 태양력 도입(1873년)
시계탑과 손목시계 사용 → 근대적 시간관념에 점차 익숙해짐

철도의 도입

• 한국
일본이 철도 부설 주도 : 경인선, 경부선, 경의선 등

→ 러일 전쟁 등에 군사적으로 이용됨

• 중국

　초창기 철도 부설 반대 : 크리스트교 전파, 풍수 문제, 경제 침탈 확대 등

　→ 정부가 철도를 사들인 후 풍수 문제 등을 이유로 파괴, 1889년 들어서야 국가 정책으로 철도 건설 시작

• 일본

　일본 최초의 철도 : 1872년(도쿄와 요코하마 사이)

　정부와 민간 자본 모두 적극적으로 철도 부설에 참여

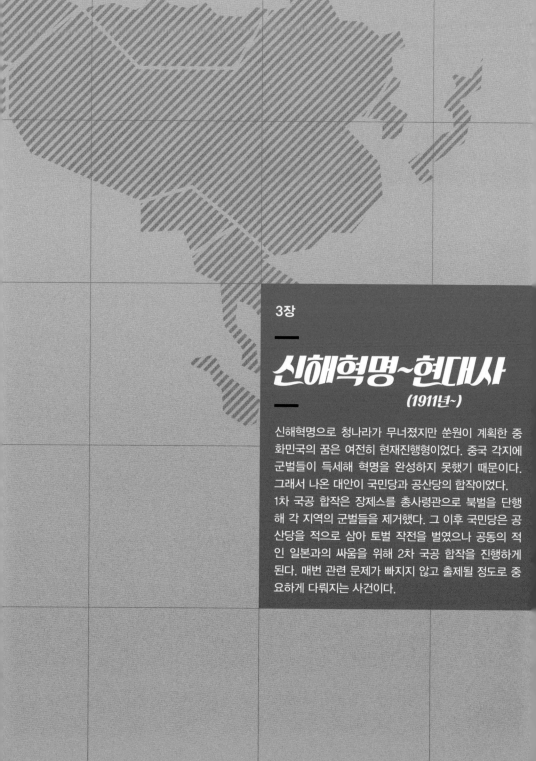

3장
—
신해혁명~현대사
(1911년~)

신해혁명으로 청나라가 무너졌지만 쑨원이 계획한 중화민국의 꿈은 여전히 현재진행형이었다. 중국 각지에 군벌들이 득세해 혁명을 완성하지 못했기 때문이다. 그래서 나온 대안이 국민당과 공산당의 합작이었다. 1차 국공 합작은 장제스를 총사령관으로 북벌을 단행해 각 지역의 군벌들을 제거했다. 그 이후 국민당은 공산당을 적으로 삼아 토벌 작전을 벌였으나 공동의 적인 일본과의 싸움을 위해 2차 국공 합작을 진행하게 된다. 매번 관련 문제가 빠지지 않고 출제될 정도로 중요하게 다뤄지는 사건이다.

신해혁명과 중화민국,
1차 국공 합작과 북벌★★★★

신해혁명(1911년)

- 내용: 중국의 민주주의 혁명으로 쑨원이 청나라를 무너뜨리고 중화민국을 세운 혁명
- 전개 : 쑨원의 청 왕조 타도 운동 → 철도 국유화 반대 운동 → 후베이 성 우창에서 신군 봉기 → 청 왕조 붕괴(쑨원의 혁명파와 손잡은 청 대신 위안스카이에 의해 멸망) → 중화민국 건국(1912년)
- 동아시아에 끼친 영향
  1) 광저우에서 판보이쩌우*가 베트남 광복회 조직(1912년)
  2) 외몽골 지역 독립 선언(신해혁명 중)

*판보이쩌우 : 베트남의 해방 운동 지도자, 중국 각지에서 독립운동 지도

1차 국공 합작(1924~1928년)

- 내용 : 쑨원의 국민당과 중국 공산당의 1차 제휴
- 배경 : 쑨원의 국민당은 다른 군벌에 비해 자금과 군사력
  이 열세하였고, 소련의 지원을 받는 대신 중국 공산당원
  이 개인 자격으로 국민당에 합류

*군벌 : 군부를 중심으로 한 정치적 세력

> 신해혁명 후
> 청 왕조는 무너졌으나 각지에는 군벌*
> 들이 득세

북벌(1926~1928년)

- 내용 : 국공 합작을 통해 국민혁명군 탄생 → 군벌 정리
  를 위해 북벌 단행 → 장제스 4·12 쿠데타(상하이에서 공
  산당 공격/1차 국공 합작의 결별) → 베이징 점령으로 북벌
  완성(1928년)
- 북벌의 중심인물 : 장제스(국민혁명군 총사령관)

영일 동맹과 21개조 요구★★★

5·4 운동의 배경과 영향에 대해 묻는 문제가 주로 출제된다. 5·4 운동은 3·1 운동과 파리 강화 회의에서의 일본의 권익 인정 등으로 촉발되었으며 서구 열강들은 중국에 대한 일본의 팽창을 저지하기 위해 워싱턴 회의를 통해 일본의 해군력 증강을 제한하게 된다.

영일 동맹(1902년)

• 1차 세계 대전에서 일본은 영일 동맹을 근거로 독일에 선전 포고

  → 독일의 영향권이던 산둥반도(칭다오)와 태평양의 여러 섬 점령

• 영일 동맹 조약 내용

  영국과 일본은 두 국가 중 한 국가가 전쟁을 하는 경우 다른 국가는 즉시 원조하여 참전한다.

21개조 요구(1915년)

• 일본 → 중국에 요구
• 주요 내용
  1) 중국은 독일이 갖고 있는 산둥반도에 관한 권리를 양도할 것
  2) 뤼순과 다롄의 조차 기한, 남만주 및 안봉 두 철도의 기한을 99년 동안 연장할 것
  3) 중국 정부에 정치, 재정 및 군사 고문으로 일본인 초청할 것 등

  → 당시 중국의 지배자 위안스카이는 대부분 요구 수용

파리 강화 회의(1919~1920년)

- 1차 세계 대전 종료 후 패전국의 배상책임 등 논의
- 중국 → 일본에 21개조 요구 철폐 주장
- 당시 열강은 일본의 권익 인정 → 중국 내 5 · 4 운동의
  배경

5 · 4 운동(1919년)

- 3 · 1 운동과 파리 강화 회의의 영향 등으로 베이징에서
  대규모 학생 시위
- 일본의 21개조 요구 철폐, 친일파 처단 주장
- 당시 위안스카이 정부의 탄압에도 불구 확산
- 5 · 4 운동 결과 중국은 파리 강화 회의에 대한 조인 거부

워싱턴 회의(1921~1922년)

- 중국을 둘러싼 제국주의 열강의 이해관계 조정 및 일본의
  팽창 저지 등

• 워싱턴 회의 결과 일본은

　1) 산둥반도에 대한 권익 반환 등 21개조 요구 중 일부

　　철회

　2) 해군력 증강을 제한 당함

　3) 영일 동맹 해체

만주 사변과 만주국 수립★★★★

선지로 자주 출제된다.

만주 사변(1931년)

- 원인 : 류탸오거우 사건*

  → 1931년 9월 류탸오거우에서 만주철도 선로를 폭파한

  후 중국군 소행으로 조작

- 전개 과정

  1) 일본 관동군 만주국 수립(1932년)

  2) 국제 연맹 → 만주 사변 규탄 및 철수 요구

  3) 일본 국제 연맹 탈퇴(1933년)

*류타오거우 사건 : 일본 관동군이 만주 침략의 명분을 위해 벌인 자작극

만주국 수립(1932~1945년)

- 성격 : 일본 관동군이 청의 마지막 황제 부의를 내세워 수립한 꼭두각시 국가
- 특징 : 5족협화*를 내세웠지만 실제로는 일본인이 실권 장악

───────── ✏

*5족협화(5族協和) : ① 한국인, 일본인, 중국인, 만주인, 몽골인의 민족 화합 ② 일본의 패망과 함께 역사 속으로 사라짐

2차 국공 합작★★★

1차 국공 합작(1924~1928년) (113p 내용 복습)

• 내용 : 쑨원의 국민당과 중국 공산당의 1차 제휴

• 배경

  1) 쑨원의 국민당 다른 군벌에 비해 자금과 군사력이 열세

  2) 소련의 지원을 받는 대신 중국 공산당원이 개인 자격

     으로 국민당에 합류

2차 국공 합작과 항일 전쟁

- 배경
  1) 장제스 1차 국공 합작 이후 공산당 토벌에 진력

      → 안내양외(安內攘外) 정책 : 공산당 토벌 후 항일 전쟁에 나선다!

  2) 내전 중지 및 항일 전쟁에 대한 요구 거세짐

  3) 장쉐량의 시안 사건(1936년)

      → 장쉐량이 시안을 방문한 장제스 구금 → 내전 중지와 항일 호소

- 진행 : 1937년 7월 루거우차오(노구교) 사건* → 중일 전쟁 발발 → 2차 국공 합작 체결

- 결과 : 태평양 전쟁 종료 후 국민당과 공산당 다시 내전 돌입 → 마오쩌둥 승리 → 중화 인민 공화국 수립(1949년) → 장제스의 국민당 타이완 이동

＊루거우차오 사건 : 베이징 근교 루거우차오 다리 부근에서 일본군은 야간 훈련 중 몇 발의 총소리가 난 후 병사가 행방불명되자 이를 구실로 루거우차오 점령. 행방불명된 사병은 알고 보니 용변 중이었다는 이야기가 있다.

항일 투쟁을 위한 한중연대★★★

조선의용대가 자주 출제된다.

항일 투쟁을 위한 한중연대

조선혁명군과 한국독립군
조선의용대 보다 앞선 시기 활동
→ 만주 사변 이후 만주지역에서 활
동(1931~1938년)

• 시기별 구분 : 조선의용대 창설(1938
년) → 한국광복군 창설(1940년) → 조
선독립동맹(1942년)

조선의용대

• 중심인물과 세력 : 김원봉의 민족혁명당
• 특징 : 중국 국민당 지원을 받아 창설

한국광복군

- 중심인물과 세력 : 대한민국 임시 정부
- 특징 : 중국 국민당 지원을 받아 연합국과 함께 일본에 선전 포고 → 국내 진입 작전 계획 수립

조선독립동맹

- 특징 : 조선의용군을 기반으로 화북지방에서 중국 공산당과 활동

안중근 의사의 동양평화론

- 주요 내용
  1) 한국, 중국, 일본의 협력을 강조
  2) 일본이 점령한 뤼순을 중국에 반환해 평화의 근거지로 삼자!

베트남 근왕 운동★★★★

선지로 자주 출제된다.

근왕 운동(1885년 7월)

- 내용 : 베트남의 학자와 관리들이 프랑스 침략에 맞서 왕
  을 지지하고자 전개한 운동
- 전개 과정
  1) 프랑스의 베트남 침공 → 응우옌 왕조는 명목상 존재
  2) 응우옌 왕조의 실권자 똔텃투옛은 어린 황제를 데리고
     산간 지대에 거점 확보 → 근왕령(대불 항쟁에 나서 황제
     를 지키라는 내용) 반포
  3) 베트남 학자와 관리 등 호응
     - 결과 : 실패

근왕 운동 vs 존왕양이
존왕양이 운동은 일본에서 일어난 외
세 배격 운동

응우옌쯔엉또의 개혁 상소문

- 시기 : 근왕 운동 이전
- 내용 : 서구식 개혁을 요청

그들이 열심히 공부한다면 틀림없이 숙련될 것이고, 그들이 숙련되면 나라는 더욱 강해질 것입니다. 그때 우리는 힘을 비축하여 행동할 날을 기다려야 합니다. 이런 상황이라면 우리는 아침에 잃은 것을 저녁에 완전히 되찾을 수 있으리라고 확신합니다. 아무것도 너무 늦은 일은 없습니다.

개혁 상소문
근왕 운동과 연결해서 출제되는 경우 있음(예 : 응우옌쯔엉또의 개혁 상소문은 근왕 운동의 영향을 받았다.)

베트남 저항의 역사★★★★

선지로 자주 출제된다.

베트남의 민족 운동

- 베트남 버전 잔 다르크, 쯩 자매(AD 40년)

  1) 원인 : 한무제의 남비엣(베트남의 과거 이름) 정벌

  2) 내용 : 한나라 지배에 반발한 남비엣의 저항 운동

- 구국의 명장, 쩐 흥다오(13세기 후반)

  1) 원인 : 몽골제국(원나라)의 베트남 침공

  2) 내용 : 몽골군을 바익당강에서 격파함 → 쩐 왕조 창건

- 환검호의 전설, 레 러이(15세기 초)

  1) 원인 : 명나라의 베트남 지배

  2) 내용 : 명나라에서 베트남 독립 쟁취 → 레 왕조 창건/

  국호 대월(大越)

• 호 아저씨라 불린 영웅, 호치민
 (1969년 사망)

 1) 원인 : 프랑스의 베트남 지배 등

 2) 내용 : 프랑스와 미국 상대로
  독립 전쟁

 3) 약력

  – 베트남 혁명청년동지회 조직(1925년)

  – 베트남 공산당 창당(1930년)

  – 베트남 독립동맹(베트민) 결성(1941년)

  – 베트남 민주 공화국 건국(1945년)

  – 사망(1969년)

레 왕조 vs 리 왕조

리 왕조(11~13세기) : 과거제를 도입한 왕조

레 왕조(15~18세기) : 명나라에서 독립한 왕조

베트남의 민족 운동과
호치민의 공산당 창당★★★★

선지로 자주 출제된다.

베트남의 민족 운동 대표 인물

- 판보이쩌우

  1) 유신회 조직과 동유 운동* 전개

  2) 월남망국사 저술

- 판쩌우찐

  교육에 초점을 맞춘 근대화 운동 전개(통킹의숙 설립)

- 호치민

  베트남 혁명청년동지회 조직(1925년)

  베트남 공산당 창당(1930년)

*동유 운동 : ① 민족 독립 투쟁의 인재 양성을 목표로 추진한 일본 유
학 운동 ② 신해혁명 후 광저우(홍콩 윗 지역)에서 베트남 광복회 조직
(민주 공화국 추구)

일본의 평화헌법과
미일안전보장조약★★★

2차 세계 대전에서 패한 일본은 1946년 일본의 전쟁 포기와 군사력 보유를 금지한 평화헌법을 만든다. 이후 한국 전쟁의 발발과 중화 인민 공화국의 수립으로 미국은 일본을 아시아 반공 파트너로 삼기 위해 샌프란시스코 강화 조약을 맺어 일본의 주권을 회복시킨다. 미일안전보장조약은 샌프란시스코 강화 조약 1년 후에 체결된다. 평화헌법의 지문을 주고 옳거나 틀린 것에 대해 묻는 문제가 주로 출제된다.

일본의 평화헌법(1946년 11월)

• 주요 내용

일본 국민은 정의와 질서를 기조로 하는 국제 평화를 성실히 희구하고, 국권의 발동에 의거한 전쟁 및 무력에 의한 위협 또는 무력의 행사는 국제 분쟁을 해결하는 수단으로서는 영구히 이를 포기한다. 이러한 목적을 성취하기 위하여 육·해·공군 및 그 이외의 어떠한 전력도 보유하지 않는다. 국가의 교전권 역시 인정치 않는다.

1) 일본의 전쟁 포기와 군사력 보유 금지

2) 일왕을 신(神)이 아닌 상징적 존재로 규정

3) 주권 재민의 원칙(주권이 국민에게 있는 헌법 제도)

4) 인권 보호 강화

미일안전보장조약(1952년)

• 내용 : 일본의 안전 보장, 일본에 미군 주둔 등

한 눈에 보는 깔끔 정리!

평화헌법(1946년) → 샌프란시스코 강화 조약(1951년)*

→ 미일안전보장조약(1952년)

*샌프란시스코 강화 조약 (Point11 134p) 참조

중화 인민 공화국의 건국과
미국의 대응★★★

중화 인민 공화국 건국(1949년 10월)

• 건국 과정

중일 전쟁 반발 → 2차 국공 합작 → 중일 전쟁 종전 →

국민당과 공산당 내전 → 공산당 승리 → 마오쩌둥 중화

인민 공화국 수립 공식 선언

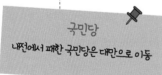

국민당

내전에서 패한 국민당은 대만으로 이동

미국의 대응

• 동아시아에 미친 영향

1) 대만 원조 확대

2) 일본 경찰예비대 창설(자위대 전신)

3) 샌프란시스코 강화 조약 체결 → 일본 주권 회복

4) 대만과 일본 : 아시아의 반공 국가로 중화 인민 공화국
   견제

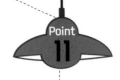

Point
11

샌프란시스코 강화 조약★★★★

샌프란시스코 강화 조약은 일본의 주권을 회복시켜 전범 국가인 일본을 보통 국가로 동아시아에 등장시킨 조약이다. 한국 전쟁의 발발과 중화 인민 공화국의 수립이 이 조약 체결의 배경이 되었다. 미국은 중국이 공산화되고 한반도마저 북한군의 기습 남침으로 전쟁이 발발하자 일본을 아시아의 확고한 반공 파트너로 삼기 위해 샌프란시스코 강화 조약을 체결한 것이다. 특징은 미국과 연합군이 전쟁 배상권을 포기했다는 것과 한국과 중국이 조약 체결에 참가하지 않았다는 것이다.

샌프란시스코 강화 조약(1951년 9월)

• 주요 내용

1. 일본은 한국의 독립을 승인하고 제주도, 거문도 및 울릉도를 포함한 한국에 대한 모든 권리와 권원 및 청구권을 포기한다.
2. 일본은 타이완 및 펑후제도에 대한 모든 권리와 권원 및 청구권을 포기한다.

3. 일본은 쿠릴열도 및 일본이 1905년 9월 5일의 포츠머스 조약의 결과로써 주권을 획득한 사할린의 일부 및 이에 근접하는 여러 섬에 대한 모든 권리와 권원 및 청구권을 포기한다.

- 배경

   1) 마오쩌둥의 중화 인민 공화국 수립으로 중국 공산화 + 북한 공산화

   2) 북한의 기습 남침으로 발발한 6 · 25 전쟁

   3) 냉전의 가시화로 미국은 일본의 전략적 역할에 주목 (일본에 반공 기지 구축)

- 결과 : 일본 주권 회복(일본은 1945년 미국에 항복한 이후 미군정 지배하에 있었음)

- 특징

   1) 대다수 연합국이 일본에 대한 배상 청구권을 사실상 포기

   2) 한국과 중국이 조약 체결에 참가하지 못함

디엔비엔푸 전투와 통킹만 사건★★★★

선지로 자주 출제된다

디엔비엔푸 전투(제1차 베트남 전쟁 1953~1954년)

- 배경
  1) 호치민의 베트남 민주 공화국 수립(1945년)과 대프랑스 독립 전쟁
  2) 베트남 독립 동맹 중심으로 건국
  3) 호치민의 베트남 민주 공화국 수립 선포문

> 프랑스는 도망쳤고 일본은 항복하였습니다. 바오다이 황제는 자리에서 물러났습니다. 우리 인민들은 옥죄었던 사슬을 끊고 조국의 독립을 쟁취하였습니다.

- 결과 : 호치민이 디엔비엔푸 전투에서 승리 → 제네바 협

정 체결(1954년)

- 제네바 협정 내용
  1) 북위 17도선 경계로 베트남 분할(북부는 호치민, 남부는 프랑스)
  2) 2년 이내 총선거 실시로 베트남 통일 정부 수립 등
  → 베트남 통일 정부 수립은 미국과 남베트남 거부로 무산
- 남베트남 단독 선거로 베트남 공화국 수립(반공 국가)
  → 미국은 남베트남에 군사 고문단과 각종 원조 제공
- 호치민의 지원을 받는 남베트남민족해방전선(베트콩) 결성

통킹만 사건(제2차 베트남 전쟁 1964~1973년)

- 배경 : 미국이 베트남에 대한 개입을 본격화하기 위해 조작한 사건
- 전개 : 미국 북베트남 폭격 및 전투 부대 파견(한국군 등 우방국)
- 결과 : 미국 내 반전 운동 및 재정 부담 등 + 닉슨 독트린 발표(1969년) → 파리 평화 협정 체결(1973년) → 미군/한국군 철수(1973년) → 남베트남 멸망(1975년) → 베트남 사회주의 공화국 수립(1976년)

• 닉슨 독트린 내용 → 베트남에서 명예로운 철수를 위한
목적

1. 미국은 앞으로 베트남 전쟁과 같은 군사적 개입을 피한다.
2. 미국은 아시아 여러 나라와의 조약상 약속을 지키지만, 강
   대국의 핵에 의한 위협을 제외하고는 내란/침략에 대해서
   는 아시아 각국이 스스로 협력해 대치해야 한다.
3. 미국은 태평양 국가로서 그 지역에서 중요한 역할을 계속
   하지만 직접적, 군사적 또는 정치적 과잉 개입은 하지 않
   으며, 자력 구제 의사를 가진 아시아 여러 나라의 자주적
   행동을 측면 지원한다.

마오쩌둥의 대약진 운동과 문화대혁명 ★★★★

마오쩌둥의 공산당은 장제스의 국민당을 타이완 섬으로 밀어낸 후 중국 본토에 중화 인민 공화국을 수립한다. 마오쩌둥의 주도하에 1958년부터 1960년 초 까지 경제 성장 운동인 대약진 운동을 추진하는데 결과는 대실패였다. 문화대혁명은 대약진 운동의 실패로 권력 기반이 약화된 마오쩌둥이 전근대적인 문화와 자본주의 타파를 구실로 자신의 권력 기반을 강화하기 위해 홍위병을 앞세워 추진한 것이다.

마오쩌둥의 대약진 운동(1958~1960년 초)

• 마오쩌둥 주도하에 추진된 경제 성장 운동

• 인민공사 설립(농업 집단화를 위해 만든 대규모 집단 농장)

• 중공업 우선 성장의 소련식 공업화 추진

• 철강 증산 운동 등

• 결과 : 실패

　1) 무리한 농업 집단화로 농업 생산력 감소

　2) 농업과 공업의 불균형(농업과 경공업은 퇴보, 중공업은 과다

발전)

3) 관료주의의 비효율성 등

→ 마오쩌둥의 권력 기반 약화로 이어짐

문화대혁명(1966~1976년)

- 마오쩌둥 주도하에 추진
- 배경 : 대약진 운동 실패로 인한 마오쩌둥의 권력 기반 약화
- 내용 : 전근대적인 문화와 자본주의 타파 → 사회주의 실천
- 전개 : 홍위병(대학생과 10대 학생 등) 동원 → 마오쩌둥 반대 세력 제거 → 마오쩌둥 권력 강화

덩샤오핑의 개혁개방 정책 ★★★

덩샤오핑의 실용주의 노선(1978년)

- 마오쩌둥 사후 덩샤오핑 권력 장악

- 인민공사 해체

- 국영 기업 사유화(민영화)

- 개인과 기업의 자유로운 경쟁 유도

- 외자 도입 및 경제특구 건설

- 농업, 공업, 국방, 과학 기술의 현대화

  → 10%에 가까운 고도성장

중요한 것은 하나의 중심, 두 개의 기본점을 견지하는 것입니다. 사회주의를 고수하지 않거나, 개혁과 개방을 하지 않거나 경제를 발전시켜 인민의 생활을 개선하지 않으면 패망의 길밖에 없습니다. 우리 중국은 이 기본 노선을 100년은 유지해야 합니다. _덩샤오핑 어록 중에서

중국과 베트남의 개혁개방 정책★★★

중국의 개혁개방 정책(1978년)

- 덩샤오핑이 추진한 실용적 경제 발전 노선
- 농업, 공업, 국방, 과학 기술의 4개 부문 현대화
  → 마오쩌둥의 대약진 운동 당시 설립된 인민공사(집단 농
  장) 해체
- 외국 자본 도입 및 경제특구 건설 등
- 공산주의 외형을 유지하면서 자본주의를 접목
- 결과 : 경제 성장 및 한국과 수교

고양이는 색깔에 상관없이 쥐만 잘 잡으면 된다!
→ 자본주의, 공산주의 상관없이 중국 인민을 잘살게 하면 된다!

▲ 덩샤오핑의 흑묘백묘론

베트남의 도이머이 정책(1986년)

- 도이머이는 '새롭게 한다'는 뜻
- 공산주의 외형을 유지하면서 자본주의를 접목하는 개혁 개방 정책
- 결과 : 경제 성장 및 한국과 수교

북한의 합영법(1984년)

- 북한이 외국 자본과 기술을 도입하기 위해 만든 합작투자법
- 나진 선봉 자유 무역 지대 조성(1991년) → 외국 자본과 기술 유치 목적
- 합영법은 공산 국가의 개혁개방 정책을 다룰 때 선지로 자주 등장

중국 톈안먼 시위와
한국의 민주화 운동★★★★

톈안먼 시위와 한국의 민주화 운동(5 · 18 민주화 운동과 6월 민주항쟁)
연계되어 출제됨

중국 톈안먼 시위(1989년)

• 배경 : 개혁파 후야오방 총서기의 사망(1989년 4월)

• 전개 : 대학생과 노동자 등 톈안먼에서 후야오방 총서기
의 재평가와 민주화 요구 → 시민과 지식인 가세로 전국
적 확대

• 결과 : 군부의 무력 진압으로 실패(수천 명 사망)

5 · 18 민주화 운동(1980년)

• 배경 : 12 · 12 사태로 전두환 장군 중심의 신군부 집권

민주화 운동 탄압

- 전개 : 광주 시민과 학생들 신군부에 저항 및 민주화 요구
- 결과 : 공수 부대 투입 등 군부의 무력 진압으로 실패(200
  여 명 사망)

6월 민주항쟁(1987년)

- 배경 : 전두환 정부의 부정부패와 권위주의 통치
- 전개 : 전국 각지에서 반독재 및 민주화 요구
- 결과 : 대통령 직선제* 개헌 등(이전에는 간선제*)

---

*직선제 : 국민이 직접 투표로 대통령을 선출

*간선제 : 국민이 투표로 중간 선거인 선출 후 그들의 투표로 대통령
  선출

일본 55년 체제와 버블 경제의 붕괴★★★★

선지로 출제되는 경우 많다!

일본 55년 체제(1955년)

• 내용 : 1955년 일본 자유당과 민주당이 자유민주당으로 통합해 정권 장악
• 전개
  1) 평화헌법 개정 주장(보수 정당)
  2) 일본 사회당 좌/우파 대통합(평화헌법 유지 및 미일안전보장조약 개정 반대)
  3) 일본 자유당 + 민주당 → 자유민주당으로 통합(일본 사회당에 맞서기 위한 통합) → 55년 체제(1955년 이후 1993년까지 이어진 자민당과 사회당의 양당 체제를 의미)

• 붕괴

1) 일본 거품 경제의 붕괴 + 자민당의 부정부패

2) 1990년 이후 신자유주의* 정책 도입

* 신자유주의 : 자유 무역과 규제 철폐 옹호 등 시장의 순기능 강조

버블 경제

• 원인 : 일본 정부의 경제 정책 실패, 저금리로 부동산과 주식 활성화 등

• 붕괴 : 1990년대 초반 버블(거품)이 꺼지면서 부동산과 주식 가격 폭락

• 결과 : 잃어버린 10년이라 불리는 극심한 경기 침체

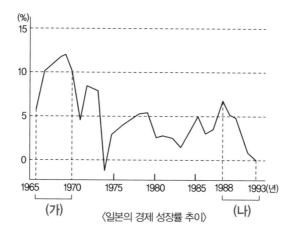

〈일본의 경제 성장률 추이〉

동아시아의 영토 분쟁★★★

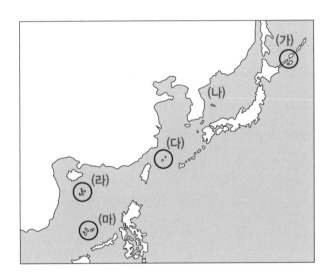

(가) 지역 : 쿠릴열도

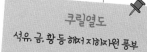

- 갑(가진 자) : 러시아

- 을(가지고 싶은 자) : 일본

- 분쟁 내용 : 일본이 쿠릴열도는 자신의 영토라고 주장하며 러시아에 반환 요구

- 특징 : 일본 2차 세계 대전 패전 → 러시아 쿠릴열도 점령

(나) 지역 : 독도

- 갑(가진 자) : 대한민국

- 을(가지고 싶은 자) : 일본

- 분쟁 내용 : 일본이 독도는 자신의 영토라고 주장하며 대한민국에 반환 요구

- 특징 : 가스 하이드레이트, 망간 단괴 등 해저 지하자원 풍부

(다) 지역 : 센카쿠열도(중국명 다오위다오)

- 갑(가진 자) : 일본

- 을(가지고 싶은 자) : 대만, 중국

- 분쟁 내용 : 대만과 중국이 자국 영토라고 영유권 주장

- 특징

  1) 청일 전쟁 결과 일본 차지

  2) 일본 2차 세계 대전 패전 → 미국 점령

  3) 미국 오키나와와 함께 일본 반환(1972년)

센카쿠열도
유전과 천연가스 등 지하자원 풍부하
다는 사실 알려진 후 영유권 분쟁 격화

(라) 지역 : 파라셀군도(중국명 시사군도)

- 갑(뺏은 자) : 중국

- 을(되찾고 싶은 자) : 베트남

- 분쟁 내용 : 베트남 영토인 파라셀군도를 중국이 무력 점령

(마) 지역 : 스프래틀리군도(중국명 난사군도)

- 갑(가진 자) : 중국
- 을(가지고 싶은 자) : 베트남, 대만, 필리핀, 말레이시아, 브루나이 등
- 분쟁 내용 : 유전과 천연가스 등이 풍부하다는 사실 알려진 후 영유권 분쟁 격화

Part 2

하루 만에 2등급을
만드는 문제풀이 비법

역사 확실히 암기하는 법

　역사를 어려워하는 이유 중 하나는 바로 암기이다. 역사적 사건의 명칭뿐만 아니라 일어난 연도와 내용까지 알아야 문제를 풀 수 있기 때문이다. 암기가 싫어서 역사 과목을 어렵게 생각하는 수험생이 적지 않다. 잠깐 나의 학창 시절 이야기를 해야겠다. 중학교 2학년 때로 기억한다. 원소 기호를 외우는데 칼슘(Ca)과 칼륨(K)이 그렇게 헷갈리는 것이다. 어떻게 할까 방법을 고민하다 확실한 방법을 찾게 되었다. 바로 '륨K'로 외워버리자! 칼륨은 원소 기호로 K인데, '륨케이'라고 외웠더니 머릿속에 콕 박히는 것이 아닌가. 암기의 원리를 깨우쳤더니 암기가 쉽게 느껴졌다. 아마 그때부터 필자가 암기 과목에서 두각을 나타내게 된 것 같다. 역사에서 가장 어렵게 생각하는 연도를 외우는 방법은 아주 간단하다. 숫자로 외우지 말고 숫자에 상황을 대입해 외우라는 것이다.

연도 외우는 방법

일단 동아시아사에서 중요하게 다뤄지는 역사적 사건 몇 개를 보도록 하자.

> 1) 메이지 유신(1868년)
> 2) 강화도 조약(1876년)
> 3) 임오군란(1882년)
> 4) 3·1 운동(1919년)

1) 메이지 유신(1868년)

일본은 메이지 유신 덕분에 선진국으로 발돋움하였다. 그 결과 우리를 포함해 주변 국가들은 힘들어졌다. 이런 상황을 숫자에 대입하면 아주 쉽게 그리고 확실하게 연도가 외워질 것이다. 우리 입장에서 메이지 유신이 축하할 일인가? 아니다. 아주 불행한 일이다. 욕이 나올만한 상황이다. 이걸 숫자로 표현하면 아마 18××가 되지 않을까? 이제는 뒤에 있는 두 개의 숫자를 외워보자. 메이지 유신 때문에 우리 민족은 말로 표현 못할 고초를 겪게 된다. 또 욕 나오지 않는가? 우리 입장에서는 'You(6)+18'로 표현할 수 있겠다. 앞에서 18이라는 숫자가 나왔기 때문에 뒤에서는 1을 빼주자. 그러면 1868이 된다. 어떤가? 쉽게 이해가 되면서 오래 기억할 수 있겠지?

2) 강화도 조약(1876년)

일본은 메이지 유신 덕분에 선진국으로 발돋움하게 되고 남아도는 힘을 주체하지 못한다. 힘쓸 상대를 찾다보니 가장 가까이에 있는 이웃나라 조선을 먹잇감으로 정했다. 일본은 운요호 사건을 일으켰고, 그 결과 조선은 불평등 조약인 강화도 조약을 체결하게 된다. 이 상황을 숫자에 대입해보자. 앞에 있는 두 자리 숫자는 역시나 18××로 시작될 것이다. 우리 입장에서는 역시나 욕 나올 일이니까. 왜 욕이 나올까? 불평등 조약은 우리에게 아주 치욕스러운 일이기 때문이다. 이걸 숫자로 표현하면 '치욕(76)'이 될 것이고 합치면 1876이 된다.

3) 임오군란(1882년)

임오군란은 신식 군대인 별기군에 비해 차별 대우를 받고 있던 조선의 구식 군대가 일으킨 사건이다. 이 사건은 청나라의 진압으로 마무리되었다. 이 상황을 숫자에 대입해보자. 마찬가지 앞 두 숫자는 18××로 시작하겠다. 차별 대우를 받은 구식 군인의 입장이라면 당연하겠지? 그렇다면 뒤에 두 자리 숫자는 어떨까? 반대파의 입장을 생각해보자. 청나라를 기다리는 반대파(별기군)의 입장을 숫자로 표현하면? 아마 '빨리(82)'가 될 것이다. 청나라 군대가 빨리 와주길 바라는 것. 이 두 숫자를 합치면 1882가 된다.

4) 3 · 1 운동(1919년)

3 · 1 운동은 독립운동이다. 일본의 손아귀에서 벗어나고 싶다는 간절함이 숫자에 담겨 있다. 그래서 1919년에 벌어졌다. '일본(1)으로부터 구해(9)주세요.'라는 메시지를 무려 두 번이나 반복했다는 것도 그런 간절함의 표현이라고 이해하면 되겠다.

혼동하기 쉬운 개념 이해하는 방법

나의 방식은 연도 뿐 아니라 혼동하기 쉬운 개념을 명확히 하는 데 큰 도움이 된다. 밑에 두 개의 예를 살펴보자.

> 1) 교자와 교초
> 2) 감합무역

1) 교자와 교초

송나라와 몽골제국의 지폐인 교자와 교초는 이름이 비슷해서 혼동하기 쉽다. 하지만 나의 방식대로 상황을 대입하면 절대 헷갈리지 않을 것이다. 몽골제국은 송나라를 무너뜨린 후 세워진 제국이다. 몽골하면 무엇이 떠오르나? 대부분 말을 타고 있는 유목민의 모습을 떠올릴 것이다. 그래서 몽골제국의 지폐는 교초이다. 말은 풀(초)을 먹기 때문에!

2) 감합무역

감합무역은 명나라와 일본 사이에 이루어진 무역 방식이다. 자세한 내용은 본문에 있는 '2장 Point 01 명 해금정책과 감합무역'을 참고하도록 하자. 감합무역은 선지와 문제로 자주 출제되는 개념이라 중요하다. 주로 출제 방식은 어떤 국가 간에 이루어진 무역인지를 묻는 형태인데 이를 헷갈려하는 경우가 많다. 여기에도 나의 방식인 '상황을 대입해 외우기'를 적용해보자. 나는 '감명'으로 외운다. '일본이 감합무역을 허락해준 명나라에 감명을 받았다.'라는 내용을 줄여서 외운 것이다. 그 당시 명나라와 조선은 일본을 노략질만 일삼는 왜구라며 무시했다. 그런 일본이 명나라와 무역을 할 수 있게 되었으니 일본 입장에서는 당연히 감명받을 수밖에! 나의 방식이 어떤 느낌인지 눈치챘을 거라 믿는다. 당장 적용해보도록!

2장
완벽하게 알고 풀어야 한다?

'모든 문제를 완벽하게 알고 풀어야 한다?'는 생각을 가진 수험생들의 특징은 무엇일까? 여러분은 뭐라고 생각하는가? 여러 가지 의견이 있을 수 있지만 나는 '중위권 수험생'이라 답하고 싶다. 한번은 동아시아 모의고사를 보게 했더니 몇 문제는 풀지도 않았다. 찍기라도 해야 하는데 그러지 않았던 것. 그 이유를 물었더니 '모르는 문제라 못 풀었어요….'라는 대답이 돌아왔다.

'헉….'

일부 사례라고 생각할 수 있지만 완벽을 추구하는 중위권 수험생들이 적지 않다. 뭔가 이해되지 않을 것이다. 완벽을 추구하는데 왜 중위권이지? 그 이유는 바로 완벽한 건 불가능하기 때문이다. 극히 일부의 사례를 제외하고는 완벽하게 알고 시험 문제를 푸는 경우는 드물다. 나는 기회가 될 때마다 수험생들에게 '풀어서 맞추든 찍어서 맞추든 경쟁자보다 한 문제라도 더 맞추는 것이 중요하다.'라고 강조해왔다. 수능은 찍어서 정답을 맞추든, 억울하게 실수해서 틀렸든지 간에 그런 전후 사정을 따지는 시험이 아니다. 점수가 모든 것을 말하는 시험이다.

이전에 내가 쓴 《진짜 공신이 되는 기적의 공부법》에 실린 '시험가이드'라는 전략을 개발한 것도 그런 이유에서다. 얼마 전 나의 제자들을 만나 저녁 식사를 함께했다. 성균관대 건축학과에 재학 중인 한 제자가 '시험가이드' 이야기를 꺼냈다. 무슨 말인고 하니 수능 수리영역 시간 때 객관식 문제 중 세 문제를 아무리 매달려도 풀지 못하겠더란다. 끝나는 시간은 다 가오는데 문제는 못 풀겠고, 고민 끝에 '시험가이드'에 담긴 필자의 찍기 비법을 시연했단다. 그 친구의 결과는 어땠을까? 찍었던 세 문제가 모두 정답이었다. 그래서 원점수 100점을 받았고 수시에서 성균관대에 합격할 수 있었다. 이 친구가 찍어서 100점을 받았다는 사실에 누구하나 돌을 던질 사람은 없다. 부럽다는 반응만 가득할 뿐.

세상에 완벽한 것은 없다. 세상에 완벽만 있다면 실수라는 단어는 존재하지 않았을 것이다. 동아시아사는 70~80%의 개념만 알고 있어도 웬만한 문제는 풀 수 있다. 가능하냐고? 지금부터 왜 가능한지 살펴보겠다.

3장

선지에 답이 있다!

'선지에 답이 있다? 당연히 선지 중에 답이 있겠지 그래서 뭐?'라는 반응을 보이면 안 된다. 일단 샘플문제부터 살펴보자.

샘플문제1(2016학년도 대학수학능력시험 동아시아사 1번 문제)

빈칸에 들어갈 토기를 묻는 문제이다.

1. (가)에 들어갈 유물로 적절한 것은?

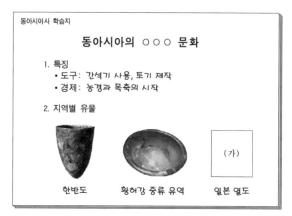

　선지에 답이 있다고 했으니 선지를 살펴보자. 나는 학생들에게 생소한 문제나 너무 어려워 무슨 말인지 이해가 안 되는 문제는 최대한 선지를 분류하라고 강조한다. 선지가 무엇을 의미하는지 써보라는 거다. 1번 문제의 선지를 살펴보자. 이 책 Part1에는 1번과 4번, 5번에 대한 설명이 담겨 있다. 1번은 '조몬토기'로 신석기 시대 일본의 유물, 4번은 '청동북'으로 베트남 동썬 문화의 유물, 5번은 '동탁'으로 일본 야요이시대의 유물이다. 2번과 3번이 무슨 유물인지 몰라도 문제를 푸는데 전혀 지장이 없다. 빈칸은 일본의 유물이 무엇인지 묻고 있다. 그렇다면 1번과 5번으로 답이 압축될 것이다. 보기를 보면 빗살무늬토기가 보인다. 빗살무늬토기는 모르는 사람이 없을 정도로 유명한 신석기 시대의 유물이다. 따라서 답은 1번 '조몬토기'가 되는 것이다. 다른 문제도 살펴보자.

17. (가)에 나타난 사상에 대한 설명으로 옳은 것은?

─(가)─

지극한 선의 이치를 내 마음에서만 구한다면 천하 사물의 이치를 모두 구할 수 있겠습니까?

마음이 곧 '이(理)'니라. 마음을 제외하고 달리 무슨 사물이 있겠으며, 무슨 '이'가 있겠느냐? 마음에 사욕의 가림이 없으면 그것이 바로 천리(天理)이니, 무엇 하나 밖에서 가져와 보탤 것이 없다.

① 형이상학적 학문 경향을 비판하고 실증을 중시하였다.
② 앎은 실천을 통하여 완성된다는 지행합일을 강조하였다.
③ 중국에서는 명·청 대를 통해 관학의 지위를 유지하였다.
④ 조선에서는 이황과 이이를 거치면서 이론적으로 심화되었다.
⑤ 일본에서는 하야시 라잔에 의해 신분 질서를 강화하는 이념으로 부각되었다.

　그림만 봐서는 무엇을 의미하는지 도통 감을 잡기가 힘들다. 그럴 때는 어떻게 하라고 했지? 생소한 문제나 너무 어려워 무슨 말인지 이해가 안 되는 문제는 최대한 선지를 분류하라고 강조했다. 선지가 무엇을 의미하는지 써보라고 말이다. 일단 문제의 요구가 무엇인지 보자. 옳은 것은 무엇인지를 묻고 있다. 선지도 살펴보자. ① 형이상학적인 학문 경향을 비판하고 실증을 중시하였다. ② 앎은 실천을 통하여 완성된다는 지행합일을 강조하였다. ③ 중국에서는 명·청 대를 통해 관학의 지위를 유지하였다. ④ 조선에서는 이황과 이이를 거치면서 이론적으로 심화되었다. ⑤ 일본에서는 하야시 라잔에 의해 신분 질서를 강화하는 이념으로 부각되었다.

각 선지를 분류해보자. ① 고증학, ② 양명학, ③~⑤는 성리학에 대한 이야기이다. 이 문제의 의도는 옳은 것을 묻는 것이다. 그렇다면 ③~⑤는 답이 되지 않는다. 이렇게 선지가 무엇을 의미하는지 적기만 했을 뿐인데도 선지는 5개에서 2개로 확 줄었다. ①과 ② 중 한 개가 정답이라는 말인데 여기서 정답은 ② 이다. 양명학은 '심즉리(마음이 곧 이〈理〉)'와 '지행합일'을 강조하기 때문이다. 어떤 느낌인지 감이 올 것이라 생각한다.

샘플문제3(2016학년도 6월 평가원 모의고사 동아시아사 6번)

6. (가) 국가에 대한 설명으로 옳은 것을 〈보기〉에서 고른 것은?

> [(가)] 이/가 사신을 파견하여 낙타 50필을 보내왔다. 왕은 " [(가)] 은/는 일찍이 발해와 화목하게 지내다가 갑자기 다른 생각을 일으켜 맹약을 어기고 발해를 멸망시켰다. 이것은 무도함이 심한 것이다. 화친을 맺어 이웃으로 삼을 만하지 못하다."라고 하였다. 마침내 사신이 왕래하는 것을 끊었으며, 그 사신 30명을 섬으로 유배 보냈다.

――――――〈보기〉――――――
ㄱ. 연운 16주를 차지하였다.
ㄴ. 남면관·북면관제를 실시하였다.
ㄷ. 유목 세력인 동호, 월지를 제압하였다.
ㄹ. 지방에 행성을 설치하고 다루가치를 파견하였다.

① ㄱ, ㄴ　② ㄱ, ㄷ　③ ㄴ, ㄷ　④ ㄴ, ㄹ　⑤ ㄷ, ㄹ

(가) 국가에 대한 설명을 봐도 어떤 국가인지 생각나지 않는다고 가정하고 보기를 살펴보자.

　　ㄱ. 연운 16주를 차지하였다.

　　ㄴ. 남면관·북면관제를 실시하였다.

　　ㄷ. 유목 세력인 동호, 월지를 제압하였다.

　　ㄹ. 지방에 행성을 설치하고 다루가치를 파견하였다.

　앞선 사례처럼 보기가 무엇을 의미하는지 아는 만큼 적어보자. ㄱ과 ㄴ은 요나라에 대한 설명이다. 문제에서 요구하는 것은 옳은 것을 고르라는 거다. 그렇다면 보기 4개 중 2개는 동일한 국가에 대한 설명이겠네? 고로 답은 ①이 되겠다. 실제로도 ①이다. ㄷ은 흉노, ㄹ은 몽골제국에 대한 이야기이다.

　생소한 지문이 나오더라도 당황하지 말고 이런 식으로 연결고리를 찾으면 문제는 쉽게 풀린다.

[5~6] 다음 자료를 보고 물음에 답하시오.

5. (가) 제국에 대한 설명으로 옳은 것은?

① 일본과 아메리카의 은이 대규모로 유입되었다.
② 감합부를 발행하여 일본과의 무역을 통제하였다.
③ 취안저우에서 동남아시아로 도자기를 수출하였다.
④ 천계령을 내리고 상선의 해외 출항을 금지시켰다.
⑤ 송으로부터 매년 막대한 양의 비단과 은을 받았다.

 지도만 나오면 어찌할 줄 몰라 당황하는 수험생들이 많은데 걱정할 필요 없다. 바로 그 지도에 답이 있다. 지도를 보니 다른 건 모르겠고 '대도'라는 명칭이 보인다. 동아시아사에서 '대도'라는 명칭이 사용된 때는 몽골제국(원나라)이 유일하다. 이는 현재의 베이징이다. 따라서 '대도'라는 명칭만 알고 있다면 몽골제국 당시라는 것을 알 수 있다. 그 다음 선지를 보자. ① 명나라 때, ② 역시 명나라 때, ③은 생소한 내용이니 일단 '?'를 찍고 넘어가고, ④ 천계령은 청나라 때, ⑤ 송으로부터 막대한 비단과 은을 받은 국가는 요나라와 금나라 이야기이다. ①, ②, ④, ⑤ 모두 몽골제국과 관련 없는 이야기이므로 남은 선지는 ③ 밖에 없다. 따라서 정답은 ③을 선택하면 되겠다.

지금까지 몇 가지 샘플문제 예시와 함께 동아시아사 문제풀이 방법을 살펴보았다. 위에서 설명한 대로 동아시아사는 자신이 알고 있는 배경지식을 총동원하면 정답을 몰라도 정답을 찾을 수 있는 특수성(?)이 있다. 따라서 완벽하게 알고 푼다면 가장 좋겠지만 굳이 그럴 필요가 없다는 것이다. 이 책에 나오는 내용만 제대로 숙지해도 2등급이 가능하다고 자신하는 이유가 바로 여기에 있다.

Part **3**

하루 만에 2등급을
만드는 빈칸 개념문제

Point 01 베트남 동썬 문화와 중국 얼리터우 문화★★★★

| 베트남 동썬 문화 |

대표 유물 : ▭▭▭▭▭ → 기하학적 문양, 새 머리 한 사람, 태양과 새 등이 새겨져 있다.

| 중국 얼리터우 문화(황허강 일대) |

대표 유물 : 청동술잔과 ▭▭▭▭▭

※황허강 지역이 ［　　　　　］ 가 발달한 곳

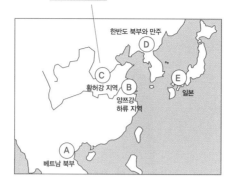

Point 02 **일본의 조몬토기와 동탁**★★★★

| 조몬토기 |

• 일본의 ［　　　　　］ 시대 토기

• 여성 모양의 토우(풍요 기원)와 표면에 새끼줄 무늬가 새겨진

　토기 등 다양한 형태

| 동탁 |

• 방울 소리를 내는 청동제 의식 용품(시대부터 사용)

• 일본의   *유물

──────────

*야요이시대 : 기원전 3세기~기원후 3세기경 한반도에서 벼농사와
청동기/철기 기술을 가진 사람들이 이주하면서 농경에 기반을 둔
새로운 사회가 시작됨

**Point03 허무두 유적의
돼지토기와 허무두토기★★★**

| 허무두 유적(그림의 어떤 지역?) |

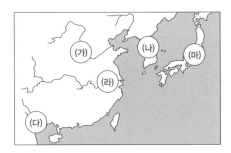

| 허무두 문화 |

- 일찍부터 [   ] 가 이루어진 곳

- 나무로 만든 농기구+볍씨 등 출토

- 돼지토기와 허무두토기 등 다양한 형태의 간석기와 짐승뼈

  출토

▲ 돼지토기 : 당시에 돼지와 개 등
   가축을 키웠음을 알려줌

▲ 허무두토기

Point04 진 시황제★★★★

| 진 시(始)황제 |

- 진 시황제? : 최초로 황제 칭호 사용 → 처음 시(始)를 써서

  시황제

- 진 시황제의 특징

  1) [   ] 실시(중앙집권적 지방 행정 제도)

     전국을 몇 개의 행정 구역으로 나눈 후 중앙에서 임명한

     지방관 파견

2) 도량형과 화폐, ▨▨▨▨ 통일, 도로망 정비

3) 분서갱유(사상통제)

　　군현제 반대 및 봉건제 부활 주장을 탄압하기 위해 실용

　　서 제외한 모든 사상서적 불태우고 유학자 생매장

4) ▨▨▨▨ 축조 → 흉노 견제

5) 엄정한 법 집행 등

· 진 시황제가 미친 영향

　한나라 통치 이념으로 유학(유교) 채택

　→ 진나라 때의 가혹한 법치주의 보완

Point05 진과 한 교체기★★★★

| 진과 한 |

· 진 : 진 시황제가 중국 최초로 통일을 완성한 국가(기원전
　221~206년)

· 한 : 진 다음의 통일 왕조(기원전 202~220년)

| 진한 교체기 4년 동안 일어난 일 |

· 초한지 : 진 말기 초 항우와 한 유방(한고조)의 긴 대립을 묘
　사한 역사 소설

- 장기 : 진한 교체기를 배경으로 가상의 초한전을 벌이는 놀이

↓ ↓ ↓ ↓ ↓ ↓

진한 교체기 전쟁을 피해 ▨▨▨▨ 으로 이주하는 중국 유이민
(다른 지역에서 이주해 온 사람)이 많아짐

Point06 유목 제국 변천사★★★★

| 흉노 |

- 대표 영웅 : 묵특 ▨▨▨▨ (▨▨▨ 는 흉노족 최고 지도자의 명칭)
- 한고조(유방) VS 흉노 전쟁 → 한고조 대패
- 결과 : 한 → 흉노에게

  1) 화번공주(이민족 군주에게 시집보낸 황족의 부녀자) 파견

  2) 술, 비단, 곡물 등 조공

  3) ▨▨▨▨ 와 맹약으로 동등한 지위 인정

  4) 만리장성 경계로 상대방 영토 침략하지 않기 등

  → 한 무제까지 이어져

| ▨▨▨▨ 의 등장 |

- 흉노를 고비 사막 이북으로 몰아냄
- ▨▨▨ 을 멸망시키고 낙랑 · 임둔 · 현도 · 진번 등 4군 설치

- 남비엣(남월-지금의 베트남)을 멸망시킴
-        의 건의로   과   를 두어 유교를 진흥
- 흉노를 견제하기 위해   을 대월지(월지)에 사신으로
  보냄
- 소금과 철 전매제 등

Point07 한족의 강남(양쯔강) 이동 ★★★★★

| 한족의 강남 이동과 동진 건국 |

- 5호(흉노·갈·선비·저·강)의 화북지역 남하 → 5호 16국 시대
- 한족   으로 대거 이주 → 동진 건국
- 동진 이후 → 송 → 제 → 양 → 진의 4개 왕조로 이어짐
    → 진은 수나라에 의해 멸망

◀ (가) 지역이 양쯔강 이남에
   한족이 건국한 동진

| 한족의 강남 이동으로 일어난 일 |

• 새로운 [   ]으로 이어졌다.

• 선진 문물의 전파로 이주지의 문화가 발달하였다.

• 인구의 증가로 [   ]이 늘었다.

Point08 북위 효문제의 한화정책★★★

| 북위(386~534년) |

• 건국 : 선비족 탁발부가 화북지역 통일 후 세운 북조 최초의 왕조

• 특징 : 균전제* 실시와 불교 장려(원강석불 조성)

• 동아시아 관계 : [   ]와 조공 · 책봉 관계 형성

*균전제 : 북위~수, 당까지 계승된 토지 제도, 당 중기 안사(안록산+
사사명)의 난으로 붕괴

| 북위 효문제(7대 황제) 한화정책 주요 내용 |

• 선비족의 ▨▨ 와 ▨▨ 의 착용 금지

• 선비족 성씨 → 한족 성씨로 개명 장려

• 한족과의 통혼 장려

• 삼장제 실시(마을 단위로 세금 징수)

• 균전제도 효문제 작품

Point09 수와 당 그리고 돌궐★★★

| 수나라 |

• 남북조시대 통일 왕조

• 초대 황제 수문제

• 2대 황제 수양제

  Tip 16년에 걸친 大고구려 정벌과 대운하 건설 등으로 국고를 탕진
  하여 수나라를 빨리 멸망하게 함

| 당나라 |

• 수나라 신하 이연이 돌궐의 힘을 빌려 건국

• 이런 이유로 당나라 초기에는 돌궐과 ▨▨▨ 를 맺기도 함

  Tip 당나라는 토번(현재의 티벳)에 ▨▨ 를 보낸 내용이 자주 출제됨

| 돌궐 |

- 시필 ▨▨▨▨ (유목 군주의 칭호) 이연을 도와 당 건국에 힘을
  보탬
- 6세기 이후 초원의 강자로 등극하자 북조의 두 왕조 북주와
  북제는?
  → 조공 바침
  → 돌궐의 공주를 왕후로 맞기 위해 경쟁

Point10 일본 다이카 개신과 다이호 율령★★★

| 다이카 개신(7세기 중엽) |

- 성격 : ▨▨▨▨▨▨ 제도의 영향을 받아 군주 중심의 중앙집권
  체제를 지향한 정치 개혁
- 전개 : 당 유학생 지원을 받은 궁중 세력이 집권 세력인 소가
  씨 가문 제거
- 주요 내용
  1) 황실과 여러 호족이 사적으로 소유하는 백성과 사유지를 폐
     지한다.
  2) 대부 이상 관리에게 일정한 수의 민호를 지정해 그로부터
     거둔 조세를 준다.

3) 백성에게는 베와 비단을 지위에 따라 준다.

4) 수도에는 고을마다 장 1인을, 네 고을마다 방령 1인을 둔다.

| 다이호 율령 반포(701년) |

• 율령 : 형벌과 행정에 관한 법규

• 다이호 율령 :　　　의 율령을 참고해 만든 일본 최초의 체계적 율령

• 주요 내용

1) 중앙통치조직　　　관　　　성제

2) 관료 선발 시험 시행(하급 관료)

3) 7개의 도 아래 국, 군, 리 설치 등

Point11 나당연합과 백강 전투★★★

| 나당연합의 백제 침공 → 백제 멸망(660년) |

| 백강 전투(663년) |

• 왜(일본)는 백제 부흥을 돕기 위해 4만 명의 병력 파병

→ 나당연합군에 의해 대패 → 백제 부흥 운동 실패

Point12 신라시대 장보고와 입당구법순례행기★★★

| 장보고 |

• 당나라 산둥반도에 법화원 건립

• 청해진을 통해 해상 무역 주도

| 엔닌 |

• 일본의 승려

• ⬚⬚⬚⬚⬚⬚⬚⬚⬚ 저술

  Tip 당 유학 중 장보고의 법화원에서 배편과 숙식 등
  여러 차례 도움을 받았다.

Point13 동아시아 불교문화의 특징★★★

| 동아시아 불교문화의 특징과 공통점 |

• 호국 불교

• 유교와 결합(부모은중경 등)

• 토착 신앙과 결합(한국 산신과 용신 등, 일본 신불습합 등)

- 선종의 발전(달마가 창시, 깨달음과 참선을 중시)
- 화장 문화의 보급

| 동아시아 불교의 국가별 특징 |

- 중국
  1) 전탑 : 흙벽돌로 만든 불탑
  2) ▨▨▨▨▨ : 당나라 때 만들어진 것으로 추정되는 불교 경전, 부모의 크고 깊은 은혜를 보답하도록 가르침
  3) 위진남북조시대에 불교 확산
  4) 주요 인물

  달마 : 남북조시대 선종을 참시

  ▨▨▨▨ : 당나라 승려, 일본에 계율과 불상, 불경, 약품 등 전파, 수차례 일본행을 시도하다 두 눈을 실명함

- 한국
  1) 석탑
  2) 산신, 용신 등 전통 신앙과 융합
  3) 삼국의 불교 수용

  고구려 : 4세기 소수림왕(전진)

  백제 : 4세기 침류왕(동진)

  신라 : 6세기 법흥왕(이차돈 순교로 불교공인/고구려)
  4) 주요 인물

  혜초 : 신라 승려, 인도 순례 후 왕오천축국전 저술

: 고구려 승려, 일본에 건너가 쇼토쿠 태자의 스승이 됨

• 일본

  1) 목탑

  2) ▨▨▨▨▨▨* 사상의 발전

  3) ▨▨▨ 사 : 8세기 중엽 일본 쇼무 일왕이 국가의 번영을 기원하기 위해 건립

  4) 가마쿠라 막부시대 : 불교의 대중화

  5) 주요 인물

     엔닌 : 당나라 법화원에서 장보고의 도움을 받음(입당구법 순례행기 저술)

  ─────────

  *신불습합 : 일본의 전통적인 신앙인 신토와 불교의 융합을 의미

Point14 송나라의 농업 혁명★★★

| 농업 혁명 배경 |

• 농업 기술의 혁신

• ▨▨▨▨ 개발 등 강남 지방을 중심으로 한 농경지 확대

- 　　　　　　　(수차) 이용 → 논에 손쉽게 물 공급 가능
- 　　　　　　(조생종 벼)의 도입
  - → 척박한 토지에서도 잘 자람
  - → 가뭄에도 잘 견딤
  - → 이모작(1년에 두 번 작물을 재배) 가능

| 송나라 당시 동아시아 생활상 |

- 한국(고려) : 은병 (　　　　　　　) 고액 거래에 이용
- 중국(송) : 　　　　　　　에서 생산된 도자기, 동전 각지로 수출
- 일본(왜) : 중국의 동전 대량 유입되어 사용

Point15 과거 제도 ★★★★

| 송나라 과거 제도 |

- 과거 정례화(3년마다 실시)
- 전시 제도 도입 : 　　　태조(황제가 주관하는 과거의 최종 시험)
  - → 황제권 강화
- 답안지를 옮겨 적어 채점하는 등 각종 부정 방지책 마련
- 사대부 : 송 대에 과거에 합격해 관료로 진출한 문인층

| 명/청 과거 제도 |

- 지원 자격 제한 : ▨▨▨▨▨ 에게만 과거 응시 자격 부여

- 생원* → 거인* → 진사* → ▨▨▨▨▨ *

---

*생원 : 학교에서 교육을 받은 계층

*거인 : 생원 중 향시 합격자

*진사 : 거인 중 전시와 회시(중앙 예부에서 실시)에 합격한 자

*▨▨ : 생원, 거인, 진사 등 학위 소지자와 전, 현직 관리를 의미 →
  지방 사회의 유력자로서 요역(국가가 백성의 노동력을 무상으로 징발
  하는 제도) 면제의 특권이 있었다.

| 동아시아 각국의 과거제 특징 |

- 고려

  1) 광종 때 ▨▨▨▨▨ 의 건의로 과거제 도입

  2) 주로 관료와 향리의 자제가 응시

- 조선

  1) 신분상 양인이면 과거 응시 가능

  2) 문과/무과/잡과 실시

  3) 1차 초시, 2차 복시, 3차 전시에서 순위를 결정

  Tip 조선시대 전시의 특징

  임금이 친시하는 문과의 마지막 시험으로 복시 최종 합격자 33인, 성
  균관 성적 우수자 등이 참가해 ▨▨▨▨▨ 없이 석차만 정함

- 베트남 : ▨▨▨▨ 때 도입

Point16 훈고학 → 성리학 → 양명학 → 고증학 → 난학★★★★

| 유학은 뭐고? 또 유교는 뭐지? |

• 유학(儒學) : 선비 유(儒)에 배울 학(學) → 선비가 배우는 학문
  중국의 공자 사상을 근본으로 정치 · 도덕의 실천을 중시하
  는 전통 학문

  Tip 사서오경 : 유학의 경전으로 '논어/맹자/대학/중용'을 의미함

• 유교(儒敎) : 선비 유(儒)에 가르칠 교(敎) → 유학의 가르침

| 훈고학 |

• 시기 : 한나라, 당나라, 청나라

• 특징 : 가르칠 훈(訓)+주낼 고(故 : 옛날 언어를 의미)

  → 언어 연구를 통해 문장을 바르게 해석하고 고전(古典) 본
  래의 사상을 이해하는 학문

| 성리학(★★★★★) |

• 시기 : 송나라~조선

• 특징 : 유학에 불교와 도교의 장점을 포함한 철학

• 중심인물 : 송나라 　　　　　 외 정호, 정이

◀주희

Tip 주희의 저서 : ▨▨▨▨ (청나라 사고전서와 혼동할 수 있으니 주의!)

• 주요 이론 : 심성론*, 이기론*, 거경궁리*, 격물치지*

• 동아시아 확산에 기여한 인물

  한국 : ▨▨▨▨ 과 ▨▨▨▨▨ → 서원의 건립과 향약 시행

  일본 : 강황, ▨▨▨▨, 하야시 라잔

  베트남 : 레 왕조*의 ▨▨▨▨*

---

*심성론 : 심(心) · 성(性) · 정을 중심으로 인간 존재의 양상을 다룬 유학 이론

*이기론 : 이(理)와 기(氣)의 원리로 자연 · 인간 · 사회의 존재와 운동을 설명하는 이론

*거경궁리 : 성리학의 수양 방법 → 마음을 경건하게 하여 이치를 추구하는 것

  거경 : 궁리에 임할 때의 마음 자세

  궁리 : 만물의 이치를 터득하는 것

*격물치지 : 성리학의 수양 방법 → 사물에 대해 깊이 연구해 지식을 넓히는 것

  격물 : 사물에 대해 깊이 연구

치지 : 지식을 넓히는 것

*레 왕조 : 명나라에서 독립한 왕조

*타인똥 : 레 왕조의 4대 왕, 사서를 중심으로 신유학 보급

| 양명학 |

• 시기 : 명나라 중기

• 중심인물 : 왕양명

• 배경 : 형식적이고 이론적으로 치우치는 성리학에 대한 비판

   → 실천을 강조

• 주요 이론 : ▨▨▨▨▨*와 지행합일설*

---

* ▨▨▨▨ : 성리학처럼 심(心)과 성(性)을 구분하지 않고 '심(心)이

  곧 이(理)'라는 의미

* 지행합일설 : '지식을 알고 행하지 않으면 진짜로 아는 것이 아니

  다.'라는 의미

| 고증학 |

• 시기 : 명나라 말기 + 청나라 초기

• 특징 : 실증적 고전 연구의 학풍 또는 방법

   → 조선시대 실학과 북학사상에 영향을 끼침

| 일본의 난학 |

• 시기 : 에도시대

• 특징 : 네덜란드에서 나가사키를 통해 일본에 전래된 지식을

연구한 학문

• 대표 서적 : 해체신서(의학서)

Point17 전연의 맹약 요나라★★★

| 요나라 |

• 성립 : 916년(야율아보기에 의해 시라무렌강 유역의 거란 부족 통합 및 국가 수립)

• 특징 : 군사 제도는 이원적 통치 체제인 [ ] · [ ] 실시

  → 유목민과 한인(농민 등) 구분 통치+고유 문자인 거란 문자 제정([ ] : 유목민 최초의 문자 사용!)

  → 유목민의 문화적 정체성을 지키고자 노력

• 역대 수도 : 중경, 남경, 상경, 동경, 서경 등

• 동아시아에 끼친 영향

  1) 발해 정복

  2) 만리장성 이남의 [ ] 획득

    → 한 왕조인 후진을 도운 대가로 확보한 지역

  3) 송과 [ ] 의 맹약 체결

  Tip 송은 매년 비단(20만 필)과 은(10만 냥)을 요나라에 상납

  4) 수차례 고려 침략

→ 1차 침략 당시 고려는 서희의 외교 담판으로 강동 6주 획득

5) 송나라와 금나라(여진) 연합으로 패망(1125년)

Point18 맹안모극제와 주현제의 금나라★★★★

| 금나라 |

• 성립 : 1115년(아골타가 만주 일대의 여진족 통합 및 국가 수립)

• 특징

1) 군사 제도는 이원적 통치 체제인 ▮▮▮▮* · ▮▮▮▮* 실시

2) 여진 문자 사용 등 문화적 정체성 지키기 위해 노력

3) 송과 요나라 정벌 이후 송나라 침공 ▮▮▮▮*의 변 통해 화북지역 점령

→ 송은 남으로 밀려남(남송시대 개막)

• 동아시아에 끼친 영향

1) 남송과 강화 조약 체결(막대한 물자 제공을 조건으로 송과 군신 관계 체결)

Tip 금 황제가 남송 황제를 책봉 → 남송의 황제는 신하의 예를 취한다. 남송은 매년 비단 25만 필과 은 25만 냥을 금에게 바친다.

2) 고려와 조공 · 책공 관계 형성

* ▨▨▨ : 여진족 등 유목민 통치

* ▨▨▨ : 한족(농민) 등 비유목민 통치

* ▨▨▨ 의 변 : 수도(변경 또는 카이펑)를 함락시키고 황제를 포로로 잡은 사건

Point19 몽골제국(원)+색목인+ 가마쿠라 막부★★★

| 몽골제국(원나라) |

• 성립 : 태무친 쿠릴타이*에서 칭기즈 칸 추대(1206년)

• 특징

  1) 천호 · 백호제 재편(칸 중심으로 군사력 결집)

  2) ▨▨▨ 문자(몽골어용) 사용 등 문화적 정체성 지키기 위해 노력

  3) ▨▨▨ (서역 민족)을 재정 관료로 등용

• 동아시아에 끼친 영향

  1) ▨▨▨ 함락(비단길 장악)

  2) 모스크바와 키예프 점령(초원길 장악)

  3) 고려 부마국으로 복속, 금 + 남송 정복

  4) 쿠빌라이 칸 : 대도를 수도로 삼고 + 지방 행정 구역 10개

행성으로 정비

Tip 쿠빌라이 칸 시기 여몽연합군 두 차례에 걸쳐 일본 원정 → 실패
(태풍과 가마쿠라 막부 저항 등) → ▨▨▨ 막부 쇠퇴

5) ▨▨▨▨ 파견으로 지배 질서 확립

6) 대월 침략(베트남) : 세 차례에 걸쳐 쩐 왕조 공격 →

　　　▨▨▨▨▨ '비익당강' 전투 활약으로 몽고군 패배 →

항전 과정에서 ▨▨▨▨ 편찬

＊쿠릴타이 : 중대한 일이 생겼을 때 소집하는 몽골 부족 수장들의 집회

| 중국의 역대 왕조 수도(시대 순−시험에 자주 출제되는 수도 기준) |

• 한나라 : 장안

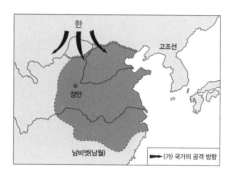

• 당나라 : 장안

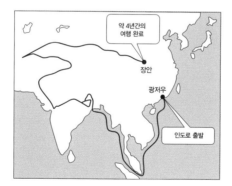

- 송나라 : 변경(카이펑)　　　　　　　　　　　　• 원나라 : 대도

| 중국의 역대 왕조(5호 16국 시대) |

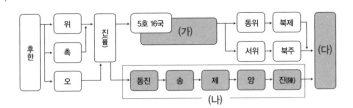

(가) : 북위(북조 : 유목민 왕조)
(나) : 남조(양쯔강 이남 한족 왕조)
(다) : 수(大고구려 정벌 전쟁을 벌인 통일 왕조)

[2장 명~청나라(1368년~1910년)]

Point01 명 해금정책과 감합무역★★★★★

| 명 해금정책(1449~1571년) |

• 명, 청의 해상 교통 · 무역 · 어업 등에 대한 제한 정책

• 배경

  1) 농촌의 안정을 중시해 상품 생산과 화폐 유통 제한

  2) 민간의 국외 무역 금지

    → 명 황제 책봉 나라들의 공식 사절을 통한 조공 형식 무역만 허용

• 결과

  1) ▨▨▨▨▨ 중계 무역으로 번성

  2) 명 → 일, 무역 허가증인 ▨▨▨▨ 발급

| 감합무역 |

• 배경

  1) 조공 무역은 주변국 당사자들에게 많은 경제적 이익 제공

  2) 직업 상인들 + 해적까지 조공 사칭할 정도 → 감합무역

  3) 조공을 원하는 주변국에 일정한 형태의 무역 허가증(감합) 발급

4) 감합의 진위를 확인해 상인이나 해적들의 조공 사칭 문제
   를 방지

Tip 주로 ▨▨▨ 와 일본 사이에서 이루어짐

Point02 연은분리법(회취법)의 일본 전래와 은 유통★★★★

| 연은분리법(회취법)의 일본 전래 |

• 연은분리법(회취법) : 16세기 초 조선에서 개발한 은 제련 기
  술 → 은광석과 납을 함께 녹인 후 순은을 얻는 방법

• 연은분리법의 일본 전래에 따른 영향

  1) ▨▨▨▨ 은광 등 일본 내 은광에 연은분리법 적용

  2) 은 생산량 증가(16세기 말 기준 전 세계 은 생산량의 1/3차지)

  3) 명, 조선, 포르투갈 상인에게 무역의 결제 대금으로 활용

  4) 은광 개발 본격화

  5) 은의 길 등장 : 일본 은 → 조선 → 중국(랴오둥, 베이징)

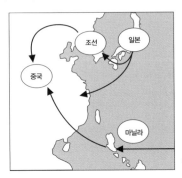

◀ 은의 길

Tip 은의 길을 통해 중국의 비단과 생사, 조선의 인삼 등이 일본에 유입

- 에도 막부 등장으로 17세기 이후 생산량 감소
  → 금과 은의 해외 유출 통제, 은화의 순도를 낮추는 정책 등

| 아메리카 은의 유통 |

- 아메리카 대륙 은 생산 증가(16세기 중엽)
- 에스파냐 갈레온 무역(마닐라), 포르투갈 상인(마카오), 네덜란드 동인도 회사 등을 통해 무역의 결제 수단으로 동아시아에 대량 유입

Point03 명의 일조편법과 청의 지정은제★★★

| 명의 ▓▓▓▓▓▓ |

- 일조편법 : 부역과 조세를 은으로 납부하게 한 제도
- 배경
  1) 원 말기 지폐인 교초의 가치 폭락 → 은 가치 폭등
  2) 명 초기 고액권 지폐인 보초와 동전 유통을 장려(은 사용 금지)
  3) 보초에 대한 불신 → 민간에서 은 사용 증가(상공업 발달과 보초에 대한 불신 등)

4) 경제의 발달로 세금의 항목, 종류 증가 → 농민 생활 압박
   → 일조편법

• 영향 : 청의 [   ]로 이어짐

| 청의 [   ] |

• 지정은제 : 정세(일종의 인두세)를 지세(地稅)에 합쳐 은으로
  징수하는 제도

• 명과 청 시대는 은 본위* 경제 체제가 확립됨→ 아편 전쟁의
  원인이 되기도 함

─────────
*은 본위 : 화폐 제도의 기준을 은으로 정하고 은화를 화폐로 사용한
  제도

Point04 마테오리치-곤여만국전도★★★

| 마테오리치 |

• 시기 : 명나라 말기(16, 17세기)

• 신분 : 예수회 선교사

마테오리치 ▶

- 업적 : 세계 지도인 [   ] 제작 → 동아시아의 세계관 확대에 기여
- 저서 : 천주실의 → 동아시아와 서구와의 교류를 묻는 문제 출제 시 단골손님

| 서구와의 교류가 동아시아에 끼친 영향 |

- 일본 : 의학서인 [   ] 번역(일본 에도시대)

Point05 청나라(천계령, 팔기군, 삼번의 난, 사고전서, 연행사) ★★★★

| [   ] |

- 내용 : 해안가 주민을 내륙으로 이주시키는 정책
- 배경 : 타이완 정성공 세력의 반청복명(청나라를 물리치고 명나라를 다시 회복하자는 운동)

| [   ] |

- 내용: 청나라 시기 군사 및 행정 제도(만주족+몽골족+한족 등)
- 8개 색상의 깃발에 따라 편성된 군대라는 의미에서 팔기(八旗)군이라 불림

| ▢▢▢▢ 의 난 |

- 삼번 : 청 건국에 공을 세운 3명의 한족(오삼계 외 2명)이 다스리던 영토
- 배경 : 강희제의 철번(삼번 폐지) 정책
- 결과 : 실패
  Tip 삼번 중 오삼계 세력이 가상 커서 '오삼계의 난'으로도 불림

| ▢▢▢▢ 전서(2016년 6월에 출제) |

- 내용 : 청 왕조가 중국 역대 문헌을 수집해 경(經)/사(史)/자(子)/집(集) 4부로 분류한 총서* → 경(經) : 유교경전, 사(史) : 역사서, 자(子) : 철학서, 집(集) : 문집

─────────

*총서 : 일정한 주제에 대해 서로 다른 저자들의 저술을 모은 책

| ▢▢▢▢ |

- 내용 : 조선에서 청나라로 파견한 사신
- 파견하는 국가에 따라 수신사*, 보빙사*, 통신사* 등 사신 명칭을 달리함

─────────

*수신사 : 통신사를 근대적 의미에서 개명한 이름
*보빙사 : 조선(고종)이 최초로 ▢▢▢▢ 에 파견한 사절단(1883년)
*통신사 : 조선시대 일본의 막부에 파견한 공식 사절단

Point 06 일본 오닌의 난과 센고쿠시대(전국시대)★★★★

| 일본 오닌의 난 |

- 시기 : 1467~1477년(　　　　　막부)

- 배경 : 쇼군의 후계자를 둘러싼 다이묘(각 지방의 유력자)들의
  대립으로 벌어진 내전

- 결과

  1) 오닌의 난으로 막부의 권위 추락

  2) 사회 전체적으로 하극상 풍조 만연(무사와 농민의 반란 등)

  3) 다이묘 : 자신의 영지를 지역 국가화 →　　　　　시대(전
     국시대) 개막

|　　　　　시대(전국시대) |

- 시기 : 오닌의 난 이후 ~ 1590년

- 내용 : 오닌의 난 이후 약 1세기 동안 지속된 다이묘들의 내
  전 → 암살과 하극상이 빈번하던 혼란기

- 종결 :　　　　　　　에 의해 전국시대 통일

  Tip　　　　　는 일본 통일 후 임진전쟁을 일으킴

Point07 일본의 성리학과 국학★★★

| 일본의 성리학 |

• 중심인물

　1) 후지와라 세이카(승려)

　　　조선인 강황의 도움을 받아 ▨▨▨▨▨ 간행

　　　하야시 라잔 등 제자 양성

　2) 강황(조선인 선비)

　　　정유재란 당시 포로로 일본에 끌려감

　　　후지와라 세이카 등 일본 지식인과 교류하면서

　　　일본 ▨▨▨▨ 발전에 기여

　　　귀국 후 간양록(일본에서 보고 들은 것을 기록한 책) 발간

　3) ▨▨▨▨▨▨

　　　후지와라 세이카의 제자

　　　성리학 토대로 에도 막부의 제도, 의례 정비 → 에도 막부

　　　의 관학으로 정착

　　　성리학을 신분 관계의 기초를 확립하는 사상으로 이해

| 일본의 국학 |

• 중심인물 : 모토오리 노리나가

• 특징

1) ░░░░░ 중기부터 유행

2) 중국적 사고방식을 철저히 배제해야 진심에 도달

3) 일왕 중심의 국가주의적 색채

4) 고대 일본의 고전을 연구해 ░░░░░ 의 우월성 주장

5) 성리학에 대한 비판 의식

Point8 정묘전쟁과 병자전쟁★★★

| 정묘전쟁(1627년) |

• 내용: 인조 때 만주의 여진족이 세운 후금(청)의 침입으로 일어난 전쟁

• 배경

  1) 누르하치 후금 건국(1616년) 만주 통일 + 팔기군 통해 군사력 강화

  2) 중립 외교 펼치던 광해군 인조반정으로 폐위 → 친명배금 정책 강화

  3) 여진을 피해 조선으로 도망한 명 장수 모문룡에 대한 조선의 지원 확대

• 전개

  1) 후금 몽골과 연합해 3만 명 군대 파견 → 2개월 간 지속

2) 후금 조선에 ▢▢▢▢▢ 관계 제의 → 수락(후금에 무역 개
   방, 목면 등 물품 제공 약속)

| 병자전쟁(1636년) |

- 내용 : 군신 관계 요구 및 황제 칭호 사용에 반발한 조선에
  대한 청나라의 재침
- 배경 : 조선 친명배금 정책 유지 → 청의 군신 관계 요구 및
  황제 칭호/연호 사용 반발
- 전개 : 인조 남한산성 피신 → 남한산성 포위로 고립 → 삼전
  도에서 인조 항복
- 결과 : ▢▢▢▢▢ 과 국교 단절, 청과 조공 · 책봉 관계 체결

Point09 에도 막부
(산킨고타이제도와 슈인선) ★★★

| ▢▢▢▢▢▢ 막부(1603~1867년) |

- 도요토미 히데요시 사후 도쿠가와 이에야스가 일본을 통일
  하고 에도(도쿄)에 수립
- 막부의 시대 순 정렬 : 가무쿠라 막부 → ▢▢▢▢▢ 막부
  → ▢▢▢▢▢ 막부

| ░░░░░░░░ 제도 |

• 에도 막부의 다이묘 통제책
• 특징

  1) 다이묘들의 처자 에도에 인질로 거주(거주 비용 등 모두 해
     당 다이묘 부담)

  2) 다이묘들은 1년마다 자신의 영지와 에도를 교대로 왕래
     → 다이묘들의 재정 약화＋인질 등으로 토대로 반란을 억제

| 슈인선 |

• 슈인장*을 받은 사무역선(16세기 말~17세기 전반)
• 슈인선 무역의 영향

  1) 동남아시아 각지에서 일본인 마을 '일본정' 생겨남

  2) 일부 다이묘의 재정 수익 증가 성장 및 ░░░░ 등의 유입
     → 에도 막부가 17세기 이후 ░░░░ 정책을 단행하는 이유

  Tip 신패*와 슈인선은 동시대

＊슈인장 : 에도 막부가 일본 무역선의 신용도를 높이기 위해 발급한
  인증서
＊░░░░ : 막부가 17세기 이후 청나라 상선의 수를 제한하기 위
  해 발급한 무역 허가증

Point10 미일화친조약과 미일수호통상조약★★★

| 조약(1854년) |

• 원인 : 미국 페리 함대의 군사력 과시와 수교 요구에 굴복

  (1853년)

• 결과 :   조약 체결

• 내용

  1) 2개 항구 개항(시모다, 하코다테)

  2) 영사 주재 허용

  3) 미국에 최혜국 대우 인정

| 미일수호통상조약(1858년) |

• 원인 : 미국의 통상 자유화 주장

• 결과 : 미일수호통상조약 체결

• 내용

  1) 추가 개항(가나가와, 나가사키, 니가타, 효고 등)

  2) 무역 자유화 및 협정 관세* 채택(관세 자주권 침해)

  3) 미국의 영사 재판권* 인정(법적 주권 침해)

＊협정 관세 : 외국과의 통상 조약 또는 관세 조약에 의해 과세되는 관세

＊영사 재판권 : 미국인이 일본에서 범죄 저질러도 일본법 아닌 미국법

  적용

| ▨▨▨▨▨▨ 사절단(1871년) |

- 성격 : 메이지 정부가 서양에 파견한 최대 규모의 유학생 단체
- 목적 : 서양 여러 나라와의 외교 및 선진 문물 습득
- 특징 : 사절단의 절반 이상이 핵심 관리들로 구성

Point11 일본 ( ) 운동과 에도 막부의 몰락★★★★

| 일본 ▨▨▨▨▨ 운동 |

- 내용 : 일본 에도시대 말기에 일어난 외세 배격 운동
- 배경 : 미일화친조약(1854년), 미일통상조약(1858년) 체결
- 전개 과정
  1) 에도 막부 → 고메이 일왕의 승인을 받지 않고 불평등 조약인 미일통상조약 체결
  2) 반막부 세력 ▨▨▨▨▨ 운동 전개
  3) 에도 막부 → 존왕양이 운동 탄압
  4) 막부 붕괴 → 일왕 중심의 정권 수립
- 동아시아에 끼친 영향
  1) 쇼군을 중심으로 한 무인정권인 막부시대 붕괴 및 중앙집권 체제 확립

2) 고메이 일왕의 뒤를 이어 메이지 일왕 집권

  → _____ 으로 연결

Point12 메이지 유신과 류쿠국★★★

| _____ (1868년) |

• 의의 : 일왕을 중심으로 한 중앙집권 국가 수립 및 개혁 →
에도 막부 몰락

• 내용

1) 중앙집권 체제 확립(폐번치현)

2) 징병제 실시

3) _____ 개혁 및 소학교 _____ 실시 및 대학 설립

4) 근대적 토지세 및 식산흥업 정책을 통한 재정 안정 추진

5) 열강과의 불평등 조약 개정 노력 등

| 자유 민권 운동(1870년대) |

• 내용 : 메이지시대에 열린 민주주의를 요구했던 일본의 정
치, 사회 운동

• 전개 : 서양식 _____ 제도의 도입 요구 → 메이지 정부 탄
압 → 선진 정치 제도 필요성 인정 → 헌법 제정(1889년)

Tip 헌법의 성격
· 인권에 대해 제한적 인정
· 일왕 신성불가침 존재 → 입법, 사법, 행정 전권 부여

| 류큐국 병합(1879년, 지금의 오키나와) |

• 특징

  1) 중계 무역으로 번성(명의 해금정책으로 반사 이익)

  2) 수도 ⬜⬜⬜⬜ (류큐국 국왕이 머물던 성)

  3) 메이지 유신 이후 일본의 영토로 편입됨

Point13 아편 전쟁★★★★

| 제1차 아편 전쟁(1840~1842년) |

• 배경 : 영국은 무역 적자 만회를 위해 인도산 아편을 청에 밀
  수출하는 삼각 무역 전개

• 삼각 무역의 배경

  1) 처음에는 편무역 방식

  2) 청은 특권상인조합인 ⬜⬜⬜⬜ 을 통해서만 교역을 허용

  3) 영국은 청으로부터 도자기와 차 수입 → 은으로 대금 지급

  4) 영국의 무역 적자 확대

- 전개 : 청 조정 임칙서 파견 아편 몰수 및 단속 → 영국 무력

  대응(아편 전쟁 시작)
- 결과 : 청 패배 → ▨▨▨▨▨ 조약 체결

| 제2차 아편 전쟁(1856~1860년) |

- 배경 : 청 영국의 무역 확대 요구 거절 → 영국과 프랑스 베

  이징과 톈진 점령
- 결과

  1) ▨▨▨▨▨ 조약과 ▨▨▨▨▨ 조약 체결

  2) 추가 개항

  3) 베이징에 외교관 주재

  4) 크리스트교 선교의 자유

  5) 영국에 주룽반도 할양 등

  Tip 러시아의 이득 : 베이징 조약의 중재 대가로 ▨▨▨▨▨ 차지

Point14 난징 조약과 강화도 조약★★★★★

| 난징 조약(1842년) |

- 청나라가   패배 이후 영국과 체결한   조약

- 주요 내용

  1) 5개 항구 개항(광저우, 샤먼, 푸저우, 닝보, 상하이)

  2)   을 영국에 할양

  3) 청의 관세 자주권 상실

  4)   (청나라 특권상인조합)의 폐지

  5) 영국의 영사 재판권과 최혜국 대우 인정 등

| 강화도 조약(1876년) |

- 일본이 일으킨 운요호 사건을 계기로 조선과 일본이 맺은

        조약

- 주요 내용

  1) 3개 항구 개항(부산, 원산, 인천)

  2) 일본의 해안측량권 허용

  3) 일본의 영사 재판권* 인정 등

---

*영사 재판권 : 일본인이 한국에서 범죄 저질러도 한국법 아닌 일본법
적용

Point15 태평천국 운동과 동학 농민 운동★★★★

| 태평천국 운동(1851~1864년) |

• 내용 : 홍수전이 크리스트교의 영향을 받아 만주족(청 왕조) 타도(░░░░░░)를 목표로 봉기

• 전개 과정 : 난징을 수도로 태평천국 수립

 → 결과 : 실패(증국번, 이홍장 등 한인 관료와 외국 군대에 의해 진압)

• 주요 특징

 1) ░░░░░░ (만주족의 청 왕조 타도)

 2) 남녀평등과 ░░░░░░, 전족 폐지

 3) 천조전무 제도* 실시를 통한 토지 배분 → 농민의 지지를 받음

• 의의 → ░░░░░░ 등 근대화 운동의 계기를 마련

────────

*천조전무 제도 : ① 토지를 9등분하여 남녀 및 연령에 따라 균등하게 분배한다. ② 한 가족의 필요 이상은 국가에 귀속시켜 불구자나 무의탁자의 생활에 충당한다. ③ 토지의 사유를 인정하지 않았다.

| 동학 농민 운동(1894년) |

• 내용 : 전봉준이 ░░░░░░ 를 구호로 일으킨 농민 운동

- 주요 특싱

  1) 폐정개혁안 12개 항목 제시 등 정치와 사회 개혁을 주장

  2) 폐정개혁안 12개 항목의 주요 내용 : 탐관오리 처벌, 신분 제 폐지, 토지 균등 분배 등

- 결과 : 일본군과 관군의 진압으로 실패

Point16 양무운동 ★★★

| 양무운동(1861~1894년) |

- 성격 : ⬜⬜⬜⬜ (중국의 전통을 지키면서 서양의 군사력과 과학 기술 수용)의 원칙 아래 서양의 근대적 과학 기술을 받아들이고자 한 개혁

> 지금 서학을 채용하려고 한다면 광둥과 상하이에 각기 번역공소를 설치하고 가까운 지역의 15세 이하 총명한 학생을 골라 각국의 언어와 문자를 배우게 하고 내지의 명사를 초빙하여 경전과 사기 등을 배우게 하되 산학(算學)을 겸하여 익히도록 한다. (중략) 만약 중국의 유교적 가치를 근본으로 삼고, 서양의 기술을 가지고 이를 보강한다면 가장 좋은 것이 아니겠는가?

▲ 중체서용론

- 배경 : 아편 전쟁의 패배와 태평천국 운동 등으로 청 내부 위기감 고조
- 주도 세력 : 이홍장, 증국번 등 태평천국 운동을 진압한 한족 관료층
- 특징
  1) 강병책 : 근대적 군수 공장 설립 및 ▨▨▨▨ 창설
  2) 부국책 : 방직 공장, 기선 회사 등 근대적 ▨▨▨▨ 설립
  3) 인재 양성 : 신식 ▨▨▨▨ 설립, 유학생 파견, 각종 서적 번역 등
- 결과
  1) ▨▨▨▨ 전쟁의 패배로 한계 노출
  2) 행정과 정치 제도의 개혁 부진(보수파 관료들의 견제)
  3) 기업 경영에 있어 관리들의 부당한 간섭, 자금과 판매망 부족 등
     → ▨▨▨▨ 의 한계를 벗어나지 못해 중국 사회를 근본적으로 바꾸지 못함

| 동아시아에 끼친 영향 |

- 조선의 온건 ▨▨▨▨ 에 영향을 미침(양무운동과 관련해 중요한 개념)

| 청일 전쟁(1894~1895년) |

• 배경 : _____ 을 계기로 조선을 둘러싼 청과 일본 대립

• 결과 : 일본의 승리 → _____ 조약 체결(1895년)

  Tip _____ 조약 체결(1895년)

  청 → 일, _____ 과 _____ 반도 할양, 4곳 추가 개항, 거액 배상금 지급

| _____ 간섭 |

• 배경 : 러시아, 프랑스, 독일 삼국 → 일본의 _____ 반도
  할양에 반대

• 결과 : 삼국의 압력에 굴복한 일본은 청에 _____ 반도 반환

  Tip 삼국 간섭 이후 러시아와 일본은 한반도와 만주를 두고 대립 격화

Point18 사회진화론 ★★★★★

| 사회진화론 주요 내용 |

> 단체 결집력이 약한 존재들은 필히 결집력이 강한 존재들에 의해
> 서 멸망을 당하고, 힘이 약한 자는 힘이 센 자에 의해서 점령당한다.
> (중략) 세계가 진보해 가면서 생존을 위해서 요구되는 단체 결집력의
> 수준도 계속 높아진다. 그 수준을 따라가지 못해 몰락하는 것은 가히
> 두려워할 만한 일이다. 만물의 단체들이 서로 경쟁하는 것이 자연의
> 공고화된 법칙이다.

- 결집력이 약한 존재들은 필히 결집력이 강한 존재들에 의해
  서 멸망
- 힘이 약한 자는 필히 힘이 센 자에 의해서 점령
- 만물의 단체들이 서로 경쟁하는 것이 자연의 공고화된 법칙

  → 쉽게 정리하면 '약육강식은 자연의 법칙'이다!

| 사회진화론이 끼친 영향 |

- ▨▨▨▨▨ 운동 : 량치차오는 사회진화론에 의한 자본주의
  적 문명화 주장함
- 일본 : 제국주의 팽창과 ▨▨▨▨ 정당화에 활용

Point19 변법자강 운동★★★★★

| 변법자강 운동(1898년) (→ ▯▯▯▯▯ 변법으로도 불림) |

• 량치차오, 캉유웨이 등 변법론자들이 주도한 개혁

• ▯▯▯▯▯ 도입+과거제 개혁+신교육 실시+상공업 진흥 등

• 이론적 배경 : ▯▯▯▯

• 결과 : 실패(서태후 등 보수파 반격으로 100여 일 만에 실패함)

Point20 동아시아의 서민 문화★★★★

| 중국의 서민 문화 |

• 시기 : 명나라, 청나라

• 배경 : 도시 발달과 인구 증가(서민의 증가) → 소비문화 발달

• 특징 : 소설, 희곡, 미술 등 발달

• 대표 작품

  소설 : 홍루몽, 금병매, 서유기, 수호전, 삼국지연의 등

  희곡 : ▯▯▯ 등 각 지역 고유의 희곡 발전

  미술 : 생활과 민간 풍속을 묘사한 그림

| 한국의 서민 문화 |

• 시기 : 조선 후기

• 배경 : 실학사상, 서당을 통한 교육의 보급 등

• 특징 : 소설, 공연, 미술 등 발달

• 대표 작품

　소설 : 내중적인 한글 소설(홍길동진, 춘향전 등)

　공연 : ▨▨▨, 탈춤 등 가면극(춘향가, 흥부가 등)

　미술 : 김홍도와 신윤복의 풍속화/민화 등

| 일본의 서민 문화 |

• 시기 : 에도 막부기

• 배경 : 도시와 상공업 발달, 중산층(조닌)* 성장

• 특징 : 문학, 공연, 미술 등 ▨▨▨ 문화 발달

• 대표 작품

　문학 : 남녀의 사랑이나 상인의 생활을 다룬 작품들

　공연 : 가부키(연극), 노가쿠(가면극), 분라쿠(인형극) 등

　미술 : 판화(우키요에 : 게이샤, 배우, 풍속 묘사), 꽃꽂이, 정원

　장식 등

——————

*조닌 : 17세기 성장한 사회 계층, 도시에 거주하던 상인과 수공업자

　를 의미

| 베트남의 서민 문화 |

• 특징 : 한자나 쯔놈으로 쓰인 민간 작품 출현, 수상 인형극

| 러일 전쟁(1904~1905년) |

• 배경 : 한국과 만주 지배를 둘러싼 러시아와 일본의 갈등

• 결과 : 일본 승리로 [   ] 조약 체결

• 포츠머스 조약 내용

첫째, 한국에 있어서의 일본의 우월권을 승인한다.
둘째, 청국 정부의 승인을 전제로 요동반도의 조차권과 장춘(長春),
      여순(旅順) 간의 남만주 철도를 일본에 위양할 것
셋째, 북위 50도 이남의 사할린을 일본에 할양할 것
넷째, 연해주 연안의 어업권을 일본에 허락할 것

• 영향 : 한국 [   ] 조약 체결로 외교권 박탈(1905년)

Point22 동아시아의 근대화 ★★★

| 동아시아 각국의 근대 신문 및 잡지 발행 |

• 한국

한성순보 : 조선 최초의 근대 신문(정부가 순 한문으로 발행)

독립신문 : 조선 최초의 민간 신문(한글과 영문 발행)

• 중국

　　　　　 : 영국 상인 어니스트 메이저가 청의 개항장인

상하이에서 1872년 창간

→ 　　　　　 을 비롯해 시보, 대공보 등 개항장과 조계지에

서 발간

• 일본

신분시 : 일본 최초의 민간 신문(에도 막부 시기 창간)

　　　　　　 신문 : 일본 최초의 일간지(메이지 유신 이

후 개항장에서 발행)

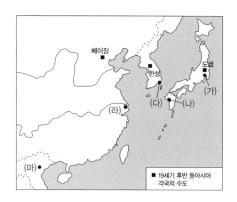

■ 19세기 후반 동아시아
각국의 수도

(가) : 요코하마 → ▨▨▨ ▨▨ 신문 발행

(나) : 나가사키 → 에도 막부 당시 네덜란드 상관이 있던 곳
(인공섬 데지마)

(다) : 부산 → 강화도 조약 당시 개항한 항구 중 하나(왜국과
교역하던 초량왜관이 있던 곳)

(라) : 상하이 → 영국 상인 어니스트 메이저가 ▨▨▨▨ 를
창간한 곳

(마) : 하노이 → 프랑스 식민지 당시 베트남 수도(작은 파리로
불림)

| 양력 및 근대적 시간관념의 도입 |

• 한국 : 양력(태양력) ▨▨▨▨ 에서 먼저 사용 → 을미개혁
(1895년) 때 도입

• 중국 : ▨▨▨ 수립 이후 태양력 사용(1912년)

• 일본 : 동아시아 최초로 ▨▨▨ 도입(1873년)

시계탑과 손목시계 사용 → 근대적 시간관념에 점차 익숙해짐

| 철도의 도입 |

• 한국

　　　　　이 철도 부설 주도 : 경인선, 경부선, 경의선 등

→ 러일 전쟁 등에 군사적으로 이용됨

• 중국

초창기 철도 부설 반대 : 크리스트교 전파, 풍수 문제, 경제

침탈 확대 등

→ 정부가 철도를 사들인 후 　　　　　등을 이유로 파괴,

1889년 들어서야 국가 정책으로 철도 건설 시작

• 일본

일본 최초의 철도 : 1872년(도쿄와 요코하마 사이)

정부와 민간 자본 모두 적극적으로 철도 부설에 참여

[3장 신해혁명~현대사(1911년~)]

Point01 신해혁명과 중화민국, 1차 국공 합작과 북벌★★★★

| ▨▨▨▨▨▨▨ (1911년) |

• 내용 : 중국의 민주주의 혁명으로 쑨원이 청나라를 무너뜨리고 중화민국을 세운 혁명

• 전개 : 쑨원의 청 왕조 타도 운동 → 철도 국유화 반대 운동 → 후베이 성 우창에서 신군 봉기 → 청 왕조 붕괴(쑨원의 혁명파와 손잡은 청 대신 위안스카이에 의해 멸망), → ▨▨▨▨▨ 건국(1912년)

• 동아시아에 끼친 영향

  1) 광저우에서 판보이쩌우가 ▨▨▨▨▨ 조직(1912년)

  2) 외몽골 지역 독립 선언(신해혁명 중)

| 1차 국공 합작(1924~1928년) |

• 내용 : 쑨원의 국민당과 중국 공산당의 1차 제휴

• 배경 : 쑨원의 국민당은 다른 군벌에 비해 자금과 군사력이 열세하였고, 소련의 지원을 받는 대신 중국 공산당원이 개인 자격으로 국민당에 합류

Tip 신해혁명 후 청 왕조는 무너졌으나 각지에는 군벌*들이 득세

*군벌 : 군부를 중심으로 한 정치적 세력

| 북벌(1926~1928년) |

• 내용 : 국공 합작을 통해 [＿＿＿＿] 탄생 → 군벌 정리를 위
  해 [＿＿＿＿] 단행 → 장제스 4 · 12 쿠데타(상하이에서 공산
  당 공격/1차 국공 합작의 결별) → 베이징 점령으로 북벌 완성
  (1928년)

• 북벌의 중심인물 : [＿＿＿＿] (국민혁명군 총사령관)

Point02 영일 동맹과 21개조 요구★★★

| 영일 동맹(1902년) |

• 1차 세계 대전에서 일본은 [＿＿＿＿] 을 근거로 독일에 선전 포
  고
  → 독일의 영향권이던 산둥반도(칭다오)와 태평양의 여러 섬
  점령

• 영일 동맹의 조약 내용
  영국과 일본은 두 국가 중 한 국가가 전쟁을 하는 경우 다른
  국가는 즉시 원조하여 참전한다.

| 21개조 요구(1915년) |

- 일본 → 중국에 요구
- 주요 내용
  1) 중국은 독일이 갖고 있는 　　　　　 반도에 관한 권리를 일본에 양도할 것
  2) 뤼순과 다롄의 조차 기한, 남만주 및 안봉 두 철도의 기한을 99년 동안 연장할 것
  3) 중국 정부에 정치, 재정 및 군사 고문으로 일본인 초청할 것 등
      → 당시 중국의 지배자 위안스카이는 대부분 요구 수용

| 　　　　　 강화 회의(1919~1920년) |

- 1차 세계 대전 종료 후 패전국의 배상책임 등 논의
- 중국 → 일본에 21개조 요구 철폐 주장
- 당시 열강은 일본의 권익 인정 → 중국 내 　　　　 운동의 배경

| ████████ 운동(1919년) |

- 3 · 1 운동과 파리 강화 회의의 영향 등으로 베이징에서 대규모 학생 시위
- 일본의 21개조 요구 철폐, 친일파 처단 주장
- 당시 위안스카이 정부의 탄압에도 불구 확산
- 5 · 4 운동 결과 중국은 파리 강화 회의에 대한 조인 거부

| 워싱턴 회의(1921~1922년) |

- 중국을 둘러싼 제국주의 열강의 이해관계 조정 및 일본의 팽창 저지 등
- 워싱턴 회의 결과 일본은
  1) ████████ 에 대한 권익 반환 등 21개조 요구 중 일부 철회
  2) ████████ 증강을 제한 당함
  3) 영일 동맹 해체

Point03 만주 사변과 만주국 수립★★★★

| 만주 사변(1931년) |

- 원인 : 류탸오거우 사건*

  → 1931년 9월 류탸오거우에서 만주철도 선로를 폭파한 후 중국군 소행으로 조작

- 전개 과정

  1) 일본 관동군 만주국 수립(1932년)

  2) 국제 연맹 → 만주 사변 규탄 및 철수 요구

  3) 일본 국제 연맹 탈퇴(1933년)

────────

*류타오거우 사건 : 일본 관동군이 만주 침략의 명분을 위해 벌인 자작극

| 만주국 수립(1932~1945년) |

- 성격 : 일본 관동군이 청의 마지막 황제 부의를 내세워 수립한 꼭두각시 국가

- 특징 : 5족협화*를 내세웠지만 실제로는 일본인이 실권 장악

────────

*5족협화(5族協和) : ① 한국인, 일본인, 중국인, 만주인, 몽골인의 민족화합 ② 일본의 패망과 함께 역사 속으로 사라짐

| 1차 국공 합작(1924~1928년) |

• 내용 : 쑨원의 국민당과 중국 공산당의 1차 제휴

• 배경

  1) 쑨원의 국민당 다른 군벌에 비해 자금과 군사력이 열세

  2) 소련의 지원을 받는 대신 중국 공산당원이 개인 자격으로
     국민당에 합류

| 2차 국공 합작과 항일 전쟁 |

• 배경

  1) 장제스 1차 국공 합작 이후 공산당 토벌에 진력

     → 안내양외(安內攘外) 정책 : 공산당 토벌 후 항일 전쟁에
     나선다!

  2) 내전 중지 및 항일 전쟁에 대한 요구 거세짐

  3) 장쉐량의 시안 사건(1936년)

     → 장쉐량이 시안을 방문한 장제스 구금 → 내전 중지와
     항일 호소

• 전개 : 1937년 7월 루거우차오(노구교) 사건* → 중일 전쟁
  발발 → 2차 국공 합작 체결

• 결과 : 태평양 전쟁 종료 후 국민당과 공산당 다시 내전 돌입

→ 마오쩌둥 승리 → 중화 인민 공화국 수립(1949년) → 장제
스의 국민당 타이완 이동

***루거우차오 사건** : 베이징 근교 루거우차오 다리 부근에서 일본군은
야간 훈련 중 몇 발의 총소리가 난 후 병사가 행방불명되자 이를 구
실로 루거우차오 점령. 행방불명된 사병은 알고 보니 용변 중이었
다는 이야기가 있다.

Point05 항일 투쟁을 위한 한중연대★★★

| 항일 투쟁을 위한 한중연대 |

• 시기별 구분 : 조선 █████ 창설(1938년) → 한국광복군 창
  설(1940년) → 조선독립동맹(1942년)

  Tip 조선혁명군과 한국독립군 : 조선 █████ 보다 앞선 시기 활동
  → 만주 사변 이후 만주지역에서 활동(1931~1938년)

| 조선 █████ |

• 중심인물과 세력 : █████ 의 민족혁명당
• 특징 : 중국 국민당 지원을 받아 창설

| 한국광복군 |

- 중심인물과 세력 : 대한민국 임시 정부
- 특징 : 중국 국민당 지원을 받아 연합국과 함께 일본에 선전
  포고 → 국내 진입 작전 계획 수립

| 조선독립동맹 |

- 특징 : 조선의용군을 기반으로 화북지방에서 중국 공산당과
  활동

| 안중근 의사의 ▓▓▓▓ 평화론 |

- 주요 내용

  1) 한국, 중국, 일본의 협력을 강조

  2) 일본이 점령한 뤼순을 중국에 반환해 평화의 근거지로 삼자!

Point06 베트남 근왕 운동★★★★

| 근왕 운동(1885년 7월) |

- 내용 : 베트남의 학자와 관리들이 프랑스 침략에 맞서 왕을
  지지하고자 전개한 운동

• 전개

　1) 프랑스의 베트남 침공 → 응우옌 왕조는 명목상 존재

　2) 응우옌 왕조의 실권자 똔텃투옛은 어린 황제를 데리고 산
　　간 지대에 거점 확보 → 근왕령(대불 항쟁에 나서 황제를 지
　　키라는 내용) 반포

　3) 베트남 학자와 관리 등 호응

• 결과 : 실패

　Tip 근왕 운동과 존왕양이 운동 혼돈할 수 있음
　→ 존왕양이 운동은 일본에서 일어난 외세 배격 운동

| 응우옌쯔엉또의 개혁 상소문 |

• 시기 : 근왕 운동 이전

• 내용 : 서구식 개혁을 요청

　　그들이 열심히 공부한다면 틀림없이 숙련될 것이고, 그들이 숙련
되면 나라는 더욱 강해질 것입니다. 그때 우리는 힘을 비축하여 행동
할 날을 기다려야 합니다. 이런 상황이라면 우리는 아침에 잃은 것을
저녁에 완전히 되찾을 수 있으리라고 확신합니다. 아무것도 너무 늦
은 일은 없습니다.

　Tip 근왕 운동과 연결해서 출제되는 경우 있음
　(예 : 응우옌쯔엉또의 개혁 상소문은 근왕 운동의 영향을 받았다.)

Point07 베트남 저항의 역사★★★★

| 베트남의 민족 운동 |

• 베트남 버전 잔 다르크, 쯩 자매(AD 40년)

1) 원인 : 한무제의 남비엣(베트남의 과거 이름) 정벌

2) 내용 :   지배에 반발한 남비엣의 저항 운동

• 구국의 명장,   (13세기 후반)

1) 원인 : 몽골제국(원나라)의 베트남 침공

2) 내용 : 몽골군을 바익당강에서 격파함 → 쩐 왕조 창건

• 환검호의 전설, 레 러이(15세기 초)

1) 원인 : 명나라의 베트남 지배

2) 내용 :   에서 베트남 독립 쟁취 → 레 왕조 창

건/국호 대월(大越)

Tip 베트남의 레 왕조와 리 왕조를 혼돈하기 쉬움

리 왕조(11~13세기) : 과거제를 도입한 왕조

레 왕조(15~18세기) : 명나라에서 독립한 왕조

• 호 아저씨라 불린 영웅, 호치민(1969년 사망)

1) 원인 : 프랑스의 베트남 지배 등

2) 내용 : 프랑스와 미국 상대로 독립 전쟁

3) 약력

– 베트남 혁명청년동지회 조직(1925년)

– 베트남 공산당 창당(1930년)

– 베트남 독립동맹(베트민) 결성(1941년)

– 베트남 민주 공화국 건국(1945년)

– 사망(1969년)

Point08 베트남의 민족 운동과 호치민의 공산당 창당★★★★

| 베트남의 민족 운동 대표 인물 |

• 판보이쩌우

  1) 유신회 조직과 ░░░░░ 운동* 전개

  2) ░░░░░ 망국사 저술

• 판쩌우찐

  교육에 초점을 맞춘 근대화 운동 전개(통킹의숙 설립)

• 호치민

  1) 베트남 혁명청년동지회 조직(1925년)

  2) 베트남 공산당 창당(1930년)

---

*동유 운동 : ① 민족 독립 투쟁의 인재 양성을 목표로 추진한 일본 유학 운동 ② 신해혁명 후 광저우(홍콩 윗 지역)에서 베트남 광복회 조직(민주 공화국 추구)

Point09 일본의 평화헌법과 미일안전보장조약★★★

| 일본의 평화헌법(1946년 11월) |

• 주요 내용

> 일본 국민은 정의와 질서를 기조로 하는 국제 평화를 성실히 희구하고, 국권의 발동에 의거한 전쟁 및 무력에 의한 위협 또는 무력의 행사는 국제 분쟁을 해결하는 수단으로서는 영구히 이를 포기한다. 이러한 목적을 성취하기 위하여 육·해·공군 및 그 이외의 어떠한 전력도 보유하지 않는다. 국가의 교전권 역시 인정치 않는다.

1) 일본의 전쟁 포기와 군사력 보유 금지

2) 일왕을 신(神)이 아닌 　　　　 존재로 규정

3) 주권 재민의 원칙(주권이 국민에게 있는 헌법 제도)

4) 인권 보호 강화

| 미일안전보장조약(1952년) |

• 내용 : 일본의 안전 보장, 일본에 미군 주둔 등

Point10 중화 인민 공화국의 건국과 미국의 대응★★★

| ░░░░░░░ 건국(1949년 10월) |

• 건국 과정

　　중일 전쟁 반발 → 2차 국공 합작 → 중일 전쟁 종전 → 국민

　　당과 공산당 내전 → 공산당 승리 → 마오쩌둥 중화 인민 공

　　화국 건국 수립 공식 선언

　　Tip 내전에서 패한 국민당은 대만으로 이동

| 미국의 대응 |

• 동아시아에 미친 영향

　　1) 대만 원조 확대

　　2) 일본 경찰예비대 창설(자위대 전신)

　　3) 샌프란시스코 강화 조약 체결 → 일본 ░░░░░░ 회복

　　4) 대만과 일본 : 아시아의 반공 국가로 중화 인민 공화국 견제

Point11 샌프란시스코 강화 조약★★★★

| 샌프란시스코 강화 조약(1951년 9월) |

• 주요 내용

> 1. 일본은 한국의 독립을 승인하고 제주도, 거문도 및 울릉도를 포함한 한국에 대한 모든 권리와 권원 및 청구권을 포기한다.
> 2. 일본은 타이완 및 평후제도에 대한 모든 권리와 권원 및 청구권을 포기한다.
> 3. 일본은 쿠릴열도 및 일본이 1905년 9월 5일의 포츠머스 조약의 결과로써 주권을 획득한 사할린의 일부 및 이에 근접하는 여러 섬에 대한 모든 권리와 권원 및 청구권을 포기한다.

• 배경

  1) 마오쩌둥의   수립으로 중국 공산화 + 북한 공산화

  2) 북한의 기습 남침으로 발발한   전쟁

  3) 냉전의 가시화로 미국은 일본의 전략적 역할에 주목(일본에 반공 기지 구축)

• 결과 : 일본 주권 회복(일본은 1945년 미국에 항복한 이후 미군정 지배하에 있었음)

• 특징

  1) 대다수 연합국이 일본에 대한   을 사실상 포기

  2) 한국과 중국이 조약 체결에 참가하지 못함

Point12 디엔비엔푸 전투와 통킹만 사건★★★★

| 디엔비엔푸 전투(제1차 베트남 전쟁 1953~1954년) |

- 배경
  1) 호치민의 베트남 민주 공화국 수립(1945년)과 대프랑스 독립 전쟁
  2) 베트남 독립 동맹 중심으로 건국
  3) 호치민의 베트남 민주 공화국 수립 선포문

> 프랑스는 도망쳤고 일본은 항복하였습니다. 바오다이 황제는 자리에서 물러났습니다. 우리 인민들은 옥죄었던 사슬을 끊고 조국의 독립을 쟁취하였습니다.

- 결과 : 호치민 디엔비엔푸 전투에서 승리 → ▨▨▨▨▨ 협정 체결(1954년)
- 제네바 협정 내용
  1) 북위 17도선 경계로 베트남 분할(북부는 호치민, 남부는 프랑스)
  2) 2년 이내 총선거 실시로 베트남 통일 정부 수립 등
     → 베트남 통일 정부 수립은 미국과 남베트남 거부로 무산
- 남베트남 단독 선거로 베트남 공화국 수립(반공 국가)
  → 미국은 남베트남에 군사 고문단과 각종 원조 제공

- 호치민의 지원을 받는 남베트남민족해방전선(베트콩) 결성

| 통킹만 사건(제2차 베트남 전쟁 1964~1973년) |

- 배경 : 미국이 베트남에 대한 개입을 본격화하기 위해 조작한 사건
- 전개 : 미국 북베트남 폭격 및 전투 부대 파견(한국군 등 우방국)
- 결과 : 미국 내 반전 운동 및 재정 부담 등 + ▨▨▨▨ 독트린 발표(1969년) → ▨▨▨▨ 평화 협정 체결(1973년) → 미군/한국군 철수(1973년) → 남베트남 멸망(1975년) → 베트남 사회주의 공화국 수립(1976년)
- 닉슨 독트린 내용 → 베트남에서 명예로운 철수를 위한 목적

1. 미국은 앞으로 베트남 전쟁과 같은 군사적 개입을 피한다.
2. 미국은 아시아 여러 나라와의 조약상 약속을 지키지만, 강대국의 핵에 의한 위협을 제외하고는 내란/침략에 대해서는 아시아 각국이 스스로 협력해 대치해야 한다.
3. 미국은 태평양 국가로서 그 지역에서 중요한 역할을 계속하지만 직접적, 군사적 또는 정치적 과잉 개입은 하지 않으며, 자력 구제 의사를 가진 아시아 여러 나라의 자주적 행동을 측면 지원한다.

Point13 마오쩌둥의 대약진 운동과 문화대혁명 ★★★★

| 마오쩌둥의 [   ] 운동(1958~1960년 초) |

• 마오쩌둥 주도하에 추진된 경제 성장 운동

• [   ] 공사 설립(농업 집단화를 위해 만든 대규모 집단 농장)

• 중공업 우선 성장의 소련식 공업화 추진

• 철강 증산 운동 등

• 결과 : 실패

  1) 무리한 농업 집단화로 농업 생산력 감소

  2) 농업과 공업의 불균형(농업과 경공업은 퇴보, 중공업은 과다 발전)

  3) 관료주의의 비효율성 등

   → 마오쩌둥의 권력 기반 약화로 이어짐

| [   ] 대혁명(1966~1976년) |

• 마오쩌둥 주도하에 추진

• 배경 : 대약진 운동 실패로 인한 마오쩌둥의 권력 기반 약화

• 내용 : 전근대적인 문화와 자본주의 타파 → 사회주의 실천

• 전개 : [   ] (대학생과 10대 학생 등) 동원 → 마오쩌둥 반대 세력 제거 → 마오쩌둥 권력 강화

Point14 덩샤오핑의 개혁개방 정책★★★

| 덩샤오핑의 실용주의 노선(1978년) |

- 마오쩌둥 사후 덩샤오핑 권력 장악
- ▨▨▨▨▨ 공사 해체
- 국영 기업 사유화(민영화)
- 개인과 기업의 자유로운 경쟁 유도
- 외자 도입 및 경제특구 건설
- 농업, 공업, 국방, 과학 기술의 현대화

  → 10%에 가까운 고도성장

  중요한 것은 하나의 중심, 두 개의 기본점을 견지하는 것입니다. 사회주의를 고수하지 않거나, 개혁과 개방을 하지 않거나 경제를 발전시켜 인민의 생활을 개선하지 않으면 패망의 길밖에 없습니다. 우리 중국은 이 기본 노선을 100년은 유지해야 합니다.

  _덩샤오핑 어록 중에서

Point15 중국과 베트남의 개혁개방 정책★★★

| 중국의 개혁개방 정책(1978년) |

- 덩샤오핑이 추진한 실용적 경제 발전 노선
- 농업, 공업, 국방, 과학 기술의 4개 부문 현대화
   → 마오쩌둥의 대약진 운동 당시 설립된 인민공사(집단 농장)
   해체
- 외국 자본 도입 및 경제특구 건설 등
- 공산주의 외형을 유지하면서 자본주의를 접목
- 결과 : 경제 성장 및 한국과 수교

고양이는 색깔에 상관없이 쥐만 잘 잡으면 된다!
→ 자본주의, 공산주의 상관없이 중국 인민을 잘살게 하면 된다!

▲ 덩샤오핑의 흑묘백묘론

| 베트남의 [   ] 정책(1986년) |

- 도이머이는 '새롭게 한다'는 뜻
- 공산주의 외형을 유지하면서 자본주의를 접목하는 개혁개방
   정책
- 결과 : 경제 성장 및 한국과 수교

| 북한의 [   ]법(1984년) |

- 북한이 외국 자본과 기술을 도입하기 위해 만든 합작투자법
- 나진 선봉 자유 무역 지대 조성(1991년) → 외국 자본과 기술 유치 목적
- 합영법은 공산 국가의 개혁개방 정책을 다룰 때 선지로 자주 능장

Point16 중국 톈안먼 시위와 한국의 민주화 운동★★★★

| 중국 [   ] 시위(1989년) |

- 배경 : 개혁파 [   ] 총서기의 사망(1989년 4월)
- 전개 : 대학생과 노동자 등 톈안먼에서 후야오방 총서기의 재평가와 민주화 요구 → 시민과 지식인 가세로 전국적 확대
- 결과 : 군부의 무력 진압으로 실패(수천 명 사망)

| 5·18 민주화 운동(1980년) |

- 배경 : 12·12 사태로 전두환 장군 중심의 신군부 집권 민주화 운동 탄압
- 전개 : 광주 시민과 학생들 신군부에 저항 및 민주화 요구
- 결과 : 공수 부대 투입 등 군부의 무력 진압으로 실패(200여

명 사망)

| 6월 민주항쟁(1987년) |

• 배경 : 전두환 정부의 부정부패와 권위주의 통치

• 전개 : 전국 각지에서 반독재 및 민주화 요구

• 결과 : 대통령 ■■■■■■ * 개헌 등(이전에는 간선제*)

───────────

＊**직선제** : 국민이 직접 투표로 대통령을 선출

＊**간선제** : 국민이 투표로 중간 선거인 선출 후 그들의 투표로 대통령
  선출

Point17 일본 55년 체제와 버블 경제의 붕괴★★★★

| ■■■■■■ 체제(1955년) |

• 내용 : 1955년 일본 자유당과 민주당이 자유민주당으로 통
  합해 정권 장악

• 전개

  1) 평화헌법 개정 주장(보수 정당)

  2) 일본 사회당 좌/우파 대통합(평화헌법 유지 및 미일안전보장
     조약 개정 반대)

  3) 일본 자유당+민주당 → 자유민주당으로 통합(일본 사회당

에 맞서기 위한 통합) → 55년 체제(1955년 이후 1993년까지 이어진 자민당과 사회당의 양당 체제를 의미)

- 붕괴
  1) 일본 거품 경제의 붕괴 + 자민당의 부정부패
  2) 1990년 이후 신자유주의* 정책 도입

---

*신자유주의 : 자유 무역과 규제 철폐 옹호 등 시장의 순기능 강조

| 버블 경제 |

- 원인 : 일본 정부의 경제 정책 실패, 저금리로 부동산과 주식 활성화 등
- 붕괴 : 1990년대 초반 버블(거품)이 꺼지면서 부동산과 주식 가격 폭락
- 결과 : 잃어버린 10년이라 불리는 극심한 경기 침체

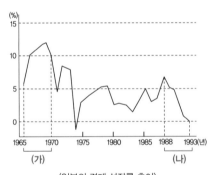

〈일본의 경제 성장률 추이〉

Point18 동아시아의 영토 분쟁 ★★★

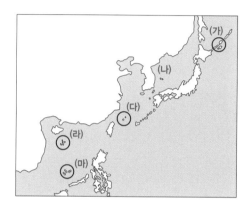

| **(가) 지역 :** ▨▨▨▨▨ **열도** |

• 갑(가진 자) : 러시아

• 을(가지고 싶은 자) : 일본

• 분쟁 내용 : 일본이 쿠릴열도는 자신의 영토라고 주장하며 러시아에 반환 요구

• 특징 : 일본 2차 세계 대전 패전 → 러시아 쿠릴열도 점령

  Tip 석유, 금, 황 등 해저 지하자원 풍부

| (나) 지역 : 독도 |

• 갑(가진 자) : 대한민국

• 을(가지고 싶은 자) : 일본

• 분쟁 내용 : 일본이 독도는 자신의 영토라고 주장하면 대한
  민국에 반환 요구

• 특징 : 가스 하드레이트, 망간 단괴 등 해저 지하자원 풍부

| (다) 지역 : ▨▨▨▨▨ 열도(중국명 다오위다오) |

• 갑(가진 자) : 일본

• 을(가지고 싶은 자) : 대만, 중국

• 분쟁 내용 : 대만과 중국이 자국 영토라며 영유권 주장

• 특징

  1) 청일 전쟁 결과 일본 차지

  2) 일본 2차 세계 대전 패전 → 미국 점령

  3) 미국 오키나와와 함께 일본 반환(1972년)

  Tip 유전과 천연가스 등 지하자원 풍부하다는 사실 알려진 후
  영유권 분쟁 격화

| (라) 지역 : ▨▨▨▨▨ 군도(중국명 시사군도) |

• 갑(뺏은 자) : 중국

• 을(되찾고 싶은 자) : 베트남

• 분쟁 내용 : 베트남 영토인 파라셀군도를 중국이 무력 점령

| (마) 지역 : ▢▢▢▢▢ 군도(중국명 난사군도) |

- 갑(가진 자) : 중국
- 을(가지고 싶은 자) : 베트남, 대만, 필리핀, 말레이시아, 브루나이 등
- 분쟁 내용 : 유전과 천연가스 등이 풍부하다는 사실 알려진 후 영유권 분쟁 격화

Q1 ~ Q100

Part 4

하루 만에 2등급을
만드는 개념 적용문제

1. 다음 유물은 베트남 (　　　) 문화의 유물인 (　　　)이다.

2. 다음 유물은 중국 (　　　) 문화의 유물인 (　　　)과 (　　　)이다.

3. 빈칸에 들어갈 단어는 무엇인가?

〈동아시아 신석기 문화 특별전〉

제1 전시실(한국관) : 빗살무늬토기, 갈돌과 갈판

제2 전시실(중국관) : 홍도, 채도, 흑도, 옥기

제3 전시실(일본관) : (　　　　　　　)

4. 빈칸에 들어갈 지역은 어디인가?

(   ) 지역에서는 신석기 시대에 새끼줄을 누르거나 굴려서 무늬를 새긴 토기에 이어 마치 불꽃이 타오르는 듯한 화려하고 정교한 장식의 토기가 나타났다. 신석기 시대가 끝나고 성립된 야요이시대에는 무늬 없는 토기가 확산되어 갔다.

5. 빈칸에 들어갈 단어는 무엇인가?

우리 박물관에서 주최하는 '○○○ 문화 특별전'에 여러분을 초대합니다. 이번 특별전에서는 한반도 등지에서 건너간 도래인이 벼농사와 청동기 · 철기 제작 기술 등을 일본에 전해주면서 형성된 ○○○ 문화의 유물이 전시될 예정입니다.

6. 다음은 어떤 문화를 말하는가? (   )

양쯔강 하류 지역에서 발달했으며 벼농사가 시작되었음을 보여주는 유물인 나무로 만든 농기구와 볍씨 등이 출토되었다.

7. 다음의 토기로 알 수 있는 문화는 무엇인가? (   )

8. 다음 인물에 대한 설명으로 틀린 것은 무엇인가?

> 왕이 말하기를 "한, 조, 연, 위, 초, 제의 여섯 나라 국왕들이 모두 과인에게 머리를 조아려 천하가 크게 안정되었다. 이제 과인의 칭호를 바꾸어 이 성공을 기리고 후세에 전하고자 하니, 그대들이 의논하여 정하도록 하라."라고 하였다. 신하들이 아뢰기를 "옛적에 삼황이 있었는데, 태황이 가장 존귀하였습니다. '왕'을 '태황'으로 바꾸어 존호를 올리는 바입니다."라고 하였다. 왕이 말하기를 "그렇다면 '태'자를 빼고 '황'자를 남겨 두고, 상고 시대의 '제'의 칭호를 사용하여 '황제'라 하겠다."라고 하였다.

① 만리장성을 축조하였다.

② 분서갱유를 일으켜 사상을 탄압하였다.

③ 도량형과 화폐, 문자를 통일하였다.

④ 봉건제를 실시하였다.

⑤ 군현제를 실시하였다.

9. 다음 밑줄의 황제는 누구인가? (   )

○ <u>황제</u>가 흉노를 멸하려고 사신을 보내 월지와 연락을 하고자 하였다. 월지에 가는 길이 부득이 흉노의 영내를 지나가게 되어 능력 있는 사신을 모집했는데, 장건이 발탁되어 월지에 사신으로 가게 되었다.

○ <u>황제</u>가 조선을 멸망시키고 그 땅을 나누어 낙랑 · 임둔 · 현도 · 진번 등 4군을 설치하였다.

10. 다음의 명령을 내린 황제는 누구인가? (   )

> 위만의 손자 우거가 지형의 견고함만을 믿고 화를 자초하고 있구나. 왕검성을 공격하라.

11. 다음 왕조에 대한 설명으로 옳은 것은 무엇인가?

> ○ 황제가 말하기를 "우리 선비족은 북쪽에서 일어나 평성으로 옮겨 와서 살고 있소. 평성은 무력을 행사하기에는 알맞지만 덕으로 통치할 수 있는 곳은 아니오. 그래서 짐은 뤄양으로 천도하는 게 상책이라고 생각하오."라고 하였다.
> ○ 황제가 말하기를 "이제 중원의 언어만 사용하도록 하려고 하오. 만약 고의로 호어(선비어)를 쓴다면, 마땅히 작위를 낮추고 관직에서 내칠 것이오. 각자 깊이 경계하도록 하시오."라고 하였다.

① 맹안모극제를 실시하였다.

② 호어와 호복 착용을 금지하였다.

③ 북면관 · 남면관제를 실시하였다.

④ 안사의 난으로 붕괴되었다.

⑤ 전연의 맹약을 체결하였다.

12. 다음 빈칸을 채우시오. (   )

> (   )는 막대한 인력을 동원한 대운하 건설과 대외 원정의 패배로 위기에 빠졌다. 그 신하인 이연은 자신의 세력을 확대하기 위해 (   )의 시필 가한에게 편지를 보냈다. 시필 가한은 조공을 통해 이연의 군주와 우호 관계를 맺은 적도 있었으나 이연을 지원하기로 약속했다. 이에 동아시아 정세가 크게 변화었다.

13. 돌궐에 대한 설명으로 옳은 것은?

① 화번공주를 보냈다.   ② 왜와 백강 전투를 치르다.

③ 북주와 북제의 조공을 받았다.

④ 일본에 30여 차례나 사신을 보냈다.

14. 다이호 율령에 대한 설명으로 틀린 것은 무엇인가?

① 일본 최초의 체계적인 율령이다.

② 당 율령의 영향을 받았다.

③ 중앙통치조직으로 2관 8성제를 시행하였다.

④ 중앙집권적 통치 체제를 뒷받침하는 역할을 수행했다.

⑤ 중시성, 문하성, 상서성의 3성 6부제를 시행하였다.

15. 다음에서 말하는 국가에 대한 설명으로 옳은 것은 무엇인가?

> 김춘추는 신라에 대한 백제의 거듭되는 공격에서 벗어나고자 고구려와 왜에 협조를 요청하였으나 성과가 없었다. 그러자 그는 바다를 건너가, 고구려 정벌에 번번이 실패했던 (   )와 연합을 성사시켜 마침내 백제를 멸망시킬 수 있었다. 국가적 위기를 극복하기 위한 김춘추의 외교 활동은 이후 신라가 삼국을 통일하는 결정적 승부수가 되었다.

① 남북조를 통일하고 대운하를 건설하였다.

② 조 · 용 · 조의 조세 제도를 운영하였다.

③ 무로마치 막부와 감합무역을 하였다.

④ 광저우에 공행을 설치하였다.

⑤ 호라즘 왕국을 정복하였다.

16. 당나라에 대한 설명으로 틀린 것은 무엇인가?

① 왜와 백강 전투를 치렀다.　② 토번에 화번공주를 보냈다.

③ 668년에 고구려를 멸망시켰다.

④ 베트남에 안남도호부를 설치하였다.

⑤ 다이카 개신을 통해 군주 중심의 중앙집권화를 지향했다.

17. 다음에 말하는 인물에 대한 설명으로 옳은 것은?

> 적산의 동쪽에 배가 정박한 뒤 나는 그 이튿날 적산 법화원에서 빈 방을 얻어 묵었다.   (   )의 **입당구법순례행기** 중

① 도다이사 낙성식에 참가하였다.

② 일본에 건너가 계율과 불상, 불경, 약품 등을 전해주었다.

③ 수차례 일본행을 시도하다 두 눈을 실명당했다.

④ 쇼토쿠 태자에게 불교를 가르쳤다.

⑤ 장보고 세력의 도움을 받았다.

18. 다음 빈칸에 들어갈 단어는 무엇인가? (   )

> 대승 불교에서는 이상적인 존재로 중생을 구제하고자 노력하는
> (   )을 이상적인 인간상으로 보았다.

19. 다음의 특징을 가진 불교의 종파는 무엇인가? (   )

> • 남북조시대에 달마가 창시
> • 직관적인 깨달음과 참선을 중시하며 국내에서는 신라 말에 유행
> 했다.

20. 당의 승려 감진에 대한 설명으로 옳은 것은?

① 일본에 건너가 계율과 불상, 불경, 약품 등을 전해주었다.

② 입당구법순례행기를 저술했다.

③ 인도에 다녀와 대당서역기를 남겼다.

④ 수차례 일본행을 시도하다 두 눈을 실명하였다.

⑤ 왕오천축국전을 저술했다.

21. 송나라의 농업 혁명에 대한 설명으로 틀린 것은 무엇인가?

① 우경(牛耕)을 도입하였다.

② 우전을 개발하였다.

③ 용골차를 활용하였다.

④ 점성도(조생종 벼)를 도입하였다.

22. (   )는 황제가 과거의 최종 시험을 주관하는 제도로 송나라 때 도입되었다.

23. 명 과거제의 특징은 무엇인가?

① 광종 때 쌍기의 건의로 실시되었다.

② 리 왕조 때 도입되었다.

③ 생원으로 응시 자격을 제한하였다.

④ 신분상 양인이면 누구나 응시할 수 있었다.

③ 문과/무과/잡과로 실시되었다.

24. 다음은 전시에 대한 설명이다. 보기에서 옳은 것만 고르시오.

송 태조는 문치주의를 실시하여 절도사의 행정권을 몰수하고, 과거를 매우 엄정하게 운영하였다. 과거의 권위를 높이기 위해서 황제 자신이 직접 주관하는 최종 시험인 전시를 실시하였다.

───── |보기| ─────

ㄱ. 명 - 생원을 응시 대상으로 하였다.

ㄴ. 송 - 황제권을 강화할 수 있는 배경이 되었다.

ㄷ. 조선 - 복시 합격자를 대상으로 순위를 결정하였다.

ㄹ. 고려 - 5품 이상 고위 관리의 자손을 대상으로 하였다.

25. 다음의 인물과 관련한 설명으로 사실과 다른 것은 무엇인가?

> 주희(주자) 성리학의 대표인물

① 주요 이론 : 심성론, 이기론, 거경궁리, 격물치지

② 사서집주를 저술하였다.

③ 지행합일설을 통해 실천의 중요성을 강조하였다.

④ 유학에 불교와 도교의 장점을 포함한 성리학을 집대성했다.

⑤ 해체신서를 저술하였다.

26. 다음에서 말하는 새로운 학문적 시도에 대한 설명으로 옳은 것은 무엇인가?

> 성리학은 통치 체제의 이론적 근거를 마련해주는 성격이 강하여 동아시아 각국에서는 이를 지배 이념으로 삼아 통치의 정당성을 확복하고자 하였다. 그러나 성리학이 지배 이념으로 자리 잡은 후 점차 형식화되는 경향이 나타났다. 이에 동아시아 각국에서는 이러한 경향을 비판하는 새로운 학문적 시도가 나타났다.

① 일본 : 난학을 받아들이는 계기가 되었다.

② 한국 : 서원과 향약이 확산되었다.

③ 중국 : 심즉리와 지행합일설을 강조하였다.

④ 베트남 : 레 왕조의 타인똥이 중심인물이다.

⑤ 베트남 : 리 왕조가 과거제를 도입하는 원인이 되었다.

27. 다음 지도에 있는 (가) 국가에 대한 설명으로 틀린 것은 무엇인가?

① 후진으로부터 연운 16주를 획득하였다.

② 송과 금이 연합해 정복하였다.

③ 북면관 · 남면관제를 실시하였다.

④ (나) 국가에서 매년 막대한 양의 비단과 은을 받았다.

⑤ 맹안모극제를 실시하였다.

28. 송은 북방 민족에 비단과 은 등 물품을 제공하는 대가로 평화를
유지하였다. 그 결과 재정 손실이 막대해졌다. 이를 해결하기 위
한 노력으로 옳은 것은?

① 북방 민족을 정벌하였다.

② 맹안모극제와 주현제를 실시하였다.

③ 왕안석이 재정 확대와 국방력 강화를 추진하기 위해 신법을
추진하였다.

④ 정강의 변을 일으켰다.

⑤ 금과 연합해 요를 정복하였다.

29. 천호 · 백호제 조직을 갖추었던 이 국가에 대한 설명으로 옳은 것은?

① 호라즘을 무너뜨리고 비단길을 장악했다.
② 맹안모극제와 주현제를 실시하였다.
③ 북면관 · 남면관제를 실시하였다.
④ 정강의 변을 일으켰다.
⑤ 금과 연합해 요를 정복하였다.

30. 쿠빌라이 칸에 대한 설명으로 옳은 것은?

① 두 차례에 걸쳐 여몽연합군을 일본에 파견하였다.
② 몽골제국을 물리치고 대월사기를 편찬했다.
③ 금을 멸망시켰다.
④ 송과 연합하여 요를 멸망시켰다.
⑤ 발해를 멸망시켰다.

31. 몽골제국에 대한 설명으로 틀린 것은?

① 색목인을 재정 관료로 등용했다.
② 대월을 침공했으나 쩐흥다오의 활약으로 실패했다.
③ 여몽연합군을 두 차례에 걸쳐 일본에 파견하였다.
④ 정복지에 다루가치를 파견하였다.
⑤ 자국이 신의 보호를 받는다는 신국 의식이 확산되었다.

32. 은의 길에 대한 설명으로 옳은 것은?

① 이와미 은광 등 일본 내 은광에 적용되었다.

② 은의 길을 통해 중국의 비단과 생사, 조선의 인삼이 수입되었다.

③ 17세기 이후 은 생산량이 줄었다.

④ 16세기 말 일본의 은 생산량은 전 세계 생산량의 1/3을 차지했다.

33. 보초에 대한 설명으로 옳은 것은 무엇인가?

① 원나라 때 사용되었다.

② 송나라 때 사용되었다.

③ 명 초기 은이 부족해 사용하였다.

④ 지정은제에 영향을 미쳤다.

34. 일조편법에 대한 설명으로 틀린 것은 무엇인가?

① 부역과 조세를 은으로 납부하게 하였다.

② 지정은제로 이어졌다.

③ 보초로 세금을 납부하게 하였다.

④ 연은분리법이 전래되어 은 생산량이 늘어났다.

35. 다음의 인물에 대한 설명으로 옳은 것을 고르시오.

◀ 마테오리치

① 곤여만국전도를 제작해 동아시아인들의 세계관 확대에 기여했다.

② 해체신서를 번역하였다.

③ 판소리와 탈춤이 유행하였다.

④ 대월사기를 편찬하였다.

⑤ 하멜 표류기를 저술하였다.

36. 청 왕조에 대한 설명이 아닌 것은 무엇인가?

① 사고전서를 출간하였다.

② 일본과의 무역을 위해 감합을 발급하였다.

③ 오삼계의 삼번의 난을 진압했다.

④ 팔기군을 운영하였다.

⑤ 천계령을 통해 대만의 정성공 세력을 약화시켰다.

37. 동아시아 각국의 사절단에 대한 설명으로 옳은 것은 무엇인가?

① 견당사 : 조선이 미국에 파견한 사절단

② 이와쿠라 사절단 : 청나라가 일본에 파견한 사절단

③ 수신사 : 조선이 러시아에 파견한 사절단

④ 연행사 : 조선이 청나라에 파견한 사절단

⑤ 통신사 : 일본이 조선에 파견한 사절단

38. 오닌의 난에 대한 설명으로 옳은 것은 무엇인가?

① 다이기 개신이 원인이 되었다.

② 다이호 율령을 통해 2관 8성제의 통치 체제를 성립한 것이 원인이 되었다.

③ 도요토미 히데요시에 의해 진압되었다.

④ 무로마치 막부의 권위를 추락시켰다.

⑤ 임진전쟁의 원인이 되었다.

39. 후지와라 세이카에 대한 설명으로 옳은 것은 무엇인가?

① 사서오경왜훈을 출간하였다.

② 중국적 사고방식을 철저히 배제해야 한다는 주장을 펼쳤다.

③ 고대 일본의 고전을 연구하여 일본 문화의 우월성을 주장하였다.

④ 일왕 중심의 국가주의적 색채를 가졌다.

⑤ 귀국 후 간양록을 출간하였다.

40. 정묘전쟁의 배경으로 옳은 것은?

① 인조반정으로 친명배금 정책이 강화되었다.

② 도요토미 히데요시가 조선에 출병하였다.

③ 누르하치가 부족을 통합하고 후금을 건국했다.

④ 명의 요청으로 조선은 1만3천 명의 원군을 파병하였다.

41. 병자전쟁의 배경으로 옳은 것은?

① 조선이 후금의 형제 제의를 거부하였다.
② 조선이 청의 군신 관계 요구를 거부하였다.
③ 명나라 장수 모문룡에 대한 지원을 강화하였다.
④ 강홍립의 조선군이 후금과 싸우다 항복하였다.
⑤ 발해를 멸망시켰다.

42. 다음의 이유는 무엇인가? (   )

에도 막부는 재정 안정을 위해 해외 무역을 적극적으로 장려하였다. 일본 무역선에 국가가 인정한다는 의미로 슈인장을 발급했고 슈인장 무역으로 동남아시아 각지에서 일본정이 생겨나는 등 해외 무역이 활발해졌지만 _____ 등의 문제점이 발생하자 에도 막부는 쇄국정책을 본격화했다.

43. 에도 막부에 대한 설명 중 사실과 다른 것은?

① 명과 무로마치 막부는 1404년부터 16세기 중반까지 감합무역을 전개했다.
② 오닌의 난으로 쇼군 권위 하락 및 전국 무사들의 패권 쟁탈전을 벌이는 센고쿠시대 전개
③ 센고쿠시대를 통일한 후 1592년에 임진전쟁 도발
④ 사무라이도코로와 몬추쇼 등을 설치했다.

44. 다음의 사건을 계기로 체결된 조약에 대한 설명으로 옳은 것은 무엇인가?

> 페리 제독이 이끄는 함대가 일본의 에도 앞바다에 들어와 군사력을 과시하면서 국교를 맺을 것을 요구하였다.

① 미일수호통상조약이 체결되었다.
② 미일화진조약이 체결되었다.
③ 영사 재판권을 인정하였다.
④ 이와쿠라 사절단이 파견되었다.
⑤ 가나가와, 나가사키, 니가타, 효고 등을 개항하였다.

45. 존왕양이 운동에 대한 설명으로 옳은 것은 무엇인가?

① 일왕의 승인 없이 불평등 조약을 체결한 것이 원인이 되었다.
② 다이묘들이 다스리던 번을 폐지하고 관리를 보내 통치하는 현을 설치했다.
③ 자유 민권 운동을 통해 입헌 군주제를 요구하였다.
④ 센고쿠시대로 접어드는 원인이 되었다.
⑤ 중심인물은 후지와라 세이카이다.

46. 메이지 유신에 대한 설명으로 틀린 것은 무엇인가?

① 신분제를 폐지하고 소학교 의무 교육을 실시했다.
② 중앙집권 체제를 확립했다.
③ 근대적 토지세 및 식산흥업 정책을 통한 재정 안정을 추진했다.
④ 평화헌법을 통해 군대 보유를 금지하였다.

47. 류쿠국에 대한 설명으로 틀린 것은 무엇인가?

① 메이지 유신 이후 일본의 영토로 편입되었다.

② 중계 무역을 통해 번성했다.

③ 국왕은 슈리성에 머물렀다.

④ 자유 민권 운동을 전개했다.

48. 난징 조약의 배경인 된 사건은 무엇인가? (   )

49. 청은 특권상인조합인 (   )을 통해서만 무역을 허가했다.

50. 다음의 빈칸에서 설명하는 전쟁에 대한 내용으로 사실과 다른 것은 무엇인가?

청은 난징 조약을 체결한 후 영국 뿐 아니라 다른 서양 열강과도 조약을 맺으며 문호를 개방했다. 그러나 영국과 프랑스는 청과의 무역에서 기대만큼의 성과가 나타나지 않자 이에 불만을 품고 다시 _____ 전쟁을 일으켰다.

① 러시아는 중재의 대가로 연해주를 획득했다.

② 베이징에 외교관이 상주하였다.

③ 영국은 주룽반도를 할양 받았다.

④ 광저우와 상하이 등 5개 항구를 개항했다.

⑤ 특권상인조합인 공행을 폐지하였다.

51. 난징 조약과 강화도 조약에 대한 설명으로 옳은 것은?

① 강화도 조약 : 해안측량권을 인정했다.

② 난징 조약 : 공행을 폐지하였다.

③ 강화도 조약 : 3개 항구를 개항하였다.

④ 난징 조약 : 운요호 사건의 배경으로 체결하였다.

⑤ 강화도 조약 : 제1차 아편 전쟁의 결과로 체결하였다.

52. 태평천국 운동과 동학 농민 운동을 비교한 내용이 보기에서 옳게 설명한 것은?

구분	(가) 태평천국 운동	(나) 동학 농민 운동
시기	1851~1864년	1894년
중심인물	홍수전	전봉준
주요 구호	멸만흥한	척왜양창의
개혁안	신분제 폐지, 남녀평등	신분제 폐지 등 개혁

| 보기 |

ㄱ. (가) - 천조전무제의 실시를 주장하였다.

ㄴ. (나) - 농민층의 지지를 얻지 못하였다.

ㄷ. (가), (나) - 외국의 군사적 지원으로 진압되었다.

ㄹ. (가), (나) - 일본의 이권 침탈에 대항하여 일어났다.

53. 양무운동의 한계를 가져온 원칙은 무엇인가?

① 사회진화론

② 중체서용

③ 존왕양이

④ 자유 민권 운동

54. 청일 전쟁에 대한 설명으로 틀린 것은 무엇인가?

① 시모노세키 조약이 체결되었다.

② 일본은 타이완을 차지하였다.

③ 일본은 삼국 간섭의 결과 랴오둥반도를 반환하였다.

④ 포츠머스 조약이 체결되었다.

55. 사회진화론에 대한 국가별 설명으로 옳은 것은 무엇인가?

① 한국 : 변법자강 운동의 논리가 되었다.

② 중국 : 태평천국 운동에 영향을 끼쳤다.

③ 일본 : 대외 침략 정책을 옹호하는 역할을 했다.

④ 베트남 : 근왕 운동의 사상적 배경이 되었다.

56. 변법자강 운동에 대한 설명으로 틀린 것은 무엇인가?

① 입헌 군주제 도입을 시도했다.

② 량치차오가 주도하였다.

③ 사회진화론을 이론적 배경으로 하였다.

④ 중체서용을 기본 원칙으로 하였다.

57. 다음의 공연이 유행하던 당시 동아시아 문화에 대한 설명으로 사
    실이 아닌 것은?

▲ 탈춤과 가부키

① 한국 : 판소리와 탈춤이 유행하였다.

② 중국 : 홍루몽 등 대중 소설이 유행하였다.

③ 일본 : 가부키 등 조닌 문화가 유행하였다.

④ 베트남 : 수상 인형극이 유행하였다.

⑤ 중국 : 주희가 성리학을 집대성하였다.

58. 다음과 같은 공연이 유행할 당시 동아시아 서민 문화에 대한 틀
    린 것은 무엇인가?

① 한자나 쯔놈으로 쓰인 민간 작품이 출현하였다.

② 가부키(연극), 노가쿠(가면극), 분라쿠(인형극) 등이 유행하였다.

③ 판소리와 가면극이 유행하였다.

④ 홍루몽, 금병매, 서유기 등의 대중 소설이 유행하였다.

⑤ 신불습합이 나타났다.

59. 다음 빈칸이 말하는 전쟁의 결과로 틀린 것은 무엇인가?

> 가. (　　　)의 결과 체결된 포츠머스 조약을 일본에 평화의 상징인
>   올리브 가지를 준 것이 아니라 칼을 준 것이다. **-조지 캐넌**
> 나. (　　　)을 기점으로 일본이 약속을 지키지 않아 동양 삼국의 평
>   화가 깨지게 되었다. **-안중근 의사**

① 일본은 한국에 을사조약을 강요해 외교권을 박탈하고 보호국
   으로 만들었다.

② 일본은 뤼순과 다롄을 조차하였다.

③ 일본은 사할린 섬의 일부를 할양받았다.

④ 일본은 남만주 철도 부설권을 획득하였다.

⑤ 미국은 일본의 한반도 지배를 승인하였다.

60. 신해혁명에 대한 설명으로 틀린 것은?

① 철도 국유화 반대 운동의 확산이 중요한 계기가 되었다.

② 신해혁명의 결과 중화민국이 수립되었다.

③ 청 왕조가 붕괴되었다.

④ 중심인물은 장제스이다.

61. 다음 인물에 대한 설명으로 옳은 것은?

> **장제스**
>
> • 1887년 출생
> • 1926년 국민 혁명군 총사령관 취임
> • 1936년 시안에서 장 쉐량에 의해 감금당함
> • 1949년 타이완 총통 취임
> • 1975년 사망

① 대약진 운동을 전개하였다.
② 문화대혁명을 일으켰다.
③ 중화 인민 공화국을 건국했다.
④ 중화민국을 건국했다.
⑤ 북벌을 통해 중국을 통일했다.

62. 1차 세계 대전에서 일본이 독일에 선전 포고를 한 근거는 무엇인가? (   )

63. 파리 강화 회의에 대한 설명으로 틀린 것은 무엇인가?

① 열강은 일본의 권익을 인정했다.
② 중국은 산둥반도에 대한 권리 회복과 21개조 요구의 철폐를 주장했다.
③ 5·4 운동의 계기가 되었다.
④ 일본은 해군력의 증강을 제한당했다.

64. 다음의 사건을 시간 순으로 배열하시오.

① 일본의 21개조 요구

② 5 · 4 운동

③ 워싱턴 회의

④ 파리 강화 회의

65. 만주 사변에 대한 설명으로 옳은 것은 무엇인가?

① 일본이 국제 연맹을 탈퇴하는 원인이 되었다.

② 루거우차오 사건이 원인이 되었다.

③ 일본은 만주 사변을 일으킨 후 만주국을 세웠다.

④ 쑨원과 장제스가 중심인물이다.

⑤ 중화 인민 공화국 수립이 원인이 되었다.

66. 만주국에 대한 설명으로 사실과 다른 것은 무엇인가?

① 5족협화를 내세웠지만 일본인이 실권을 장악했다.

② 만주 사변의 결과로 만들어진 꼭두각시 국가였다.

③ 청의 마지막 황제 부의가 만주국의 황제가 되었다.

④ 일본의 패망과 함께 역사 속으로 사라졌다.

⑤ 국공 내전에서 패전한 국민당이 대만(타이완)에서 수립하였다.

67. 다음 보기에서 말하는 사건에 대한 설명으로 옳은 것은 무엇인가?

> 중국 공산당 중앙 위원회는 최대한의 열정을 가지고 전국의 부로(父老), 형제, 자매에게 선언합니다. 지금은 국난(國難)이 극단적으로 엄중하고 민족의 생명과 존망이 경각에 달려 있는 시기입니다. 우리는 조국의 위망을 구하기 위해, 평화적 통일과 단결 저항의 기초 위에서 중국 국민당과 양해를 이루어 향후 함께 국난에 대응하기로 하였습니다. …(중략)… 루거우차오에서 중·일 양군의 충돌이 발생한 현 상황에서, 우리 민족 내부의 단결만이 일본 제국주의의 침략을 이겨낼 수 있게 해줄 것입니다.
> ─《저우언라이 선집》

① 일본은 중국에 랴오둥반도를 반환하였다.

② 신해혁명 후 난립하는 군벌들을 토벌하기 위해 북벌을 진행하였다.

③ 2차 국공 합작의 성립으로 이어졌다.

④ 1차 국공 합작의 성립으로 이어졌다.

⑤ 중화 인민 공화국이 수립되었다.

68. 항일 투쟁을 위한 한중연대의 활동으로 옳은 것은 무엇인가?

① 조선독립동맹 : 연합국과 함께 일본에 선전 포고를 하였다.

② 안중근 의사 : 청산리 전투를 승리로 이끌었다.

③ 한국광복군 : 중국 공산당과 함께 활동하였다.

④ 조선의용대 : 김원봉이 중국 국민당의 지원을 받아 창설하였다.

⑤ 중일 전쟁 발발 후 조선혁명군과 한국독립군이 연합 작전을 벌였다.

69. 근왕 운동에 대한 설명으로 옳은 것은 무엇인가?

① 존왕양이를 기치로 내걸었다.

② 응우옌쯔엉또의 개혁 상소문이 원인이 되었다.

③ 베트남의 학자와 관리들이 프랑스에 맞서 왕을 지지하고자 전개하였다.

④ 1차 국공 합작의 성립으로 이어졌다.

⑤ 중화 인민 공화국이 수립되었다.

70. 베트남의 저항 역사와 관련해 사실과 다른 것은 무엇인가?

① 쯩 자매 : 한나라 지배에 저항

② 쩐 흥다오 : 몽골제국 지배에 저항, 바익당강 전투에서 승리

③ 레 러이 : 명나라 지배에 저항

④ 리 왕조 : 프랑스에 맞서 근왕 운동 전개

⑤ 호치민 : 베트남 공산당 창당

71. 다음의 보기에서 설명하는 인물에 대한 내용으로 옳은 것은 무엇인가?

- 1890년 출생
- 1925년 베트남 혁명청년동지회 결성
- 1930년 베트남 공산당 결성
- 1941년 베트남 독립 동맹(베트민) 결성
- 1969년 사망

① 바익당강 전투에서 승리하였다.

② 베트남에 과거제를 도입하였다.

③ 호 아저씨라 불린 영웅으로 프랑스에서 독립하였다.

④ 한나라에 대항하였다.

⑤ 명나라에 대항하였다.

72. 다음의 활동을 한 인물에 대한 설명으로 옳은 것은?

> 월남망국사 저술 및 동유 운동 전개

① 신해혁명의 영향을 받아 베트남 광복회를 조직하였다.

② 베트남 공산당을 조직하였다.

③ 통킹의숙을 설립하는 등 교육에 초점을 맞춘 근대화 운동을 전개하였다.

④ 베트남 혁명청년동지회를 조직하였다.

⑤ 근왕 운동을 전개하였다.

73. 다음 보기에 대한 설명으로 옳은 것은 무엇인가?

> 〈제9조〉
> 일본 국민은 … (중략) … 전쟁과 무력을 통한 위협과 무력의 행사를 국제 분쟁을 해결하기 위한 수단으로서는 영구히 포기한다. 이와 같은 목적을 달성하기 위해 육 · 해 · 공군 및 기타의 전력을 보유하지 않는다.

① 샌프란시스코 강화 조약이 체결되었다.

② 2차 세계 대전에서 일본이 패하였다.

③ 미일안전보장조약이 체결되었다.

④ 군사력 보유를 인정하였다.

74. 중화 인민 공화국 수립이 동아시아에 끼친 영향으로 옳은 것은?

① 2차 국공 합작의 원인이 되었다.

② 일본이 주권을 회복하는 계기가 되었다.

③ 디엔비엔푸 전투의 승리가 원인이 되었다.

④ 문화대혁명이 원인이 되었다.

⑤ 중월 전쟁의 직접적인 계기가 되었다.

75. 샌프란시스코 강화 조약 체결의 원인으로 옳은 것은 무엇인가?

① 일본이 경찰예비대를 창설하였다.

② 신해혁명으로 중화민국을 수립하였다.

③ 중화 인민 공화국이 수립되었다.

④ 미군의 베트남 참전이 계기가 되었다.

⑤ 존왕양이 운동을 탄압한 것이 원인이 되었다.

76. 다음 조약에 대한 설명으로 틀린 것은 무엇인가?

> 1. 일본은 한국의 독립을 승인하고 제주도, 거문도 및 울릉도를 포함한 한국에 대한 모든 권리와 권원 및 청구권을 포기한다.
> 2. 일본은 타이완 및 펑후제도에 대한 모든 권리와 권원 및 청구권을 포기한다.
> 3. 일본은 쿠릴열도 및 일본이 1905년 9월 5일의 포츠머스 조약의 결과로써 주권을 획득한 사할린의 일부 및 이에 근접하는 여러 섬에 대한 모든 권리와 권원 및 청구권을 포기한다.

① 일본의 주권을 회복시켜 국제 무대에 복귀시켰다.

② 중화 인민 공화국의 수립이 조약 체결에 영향을 미쳤다.

③ 대다수 연합국이 배상 청구권을 사실상 포기하였다.

④ 한국과 중국이 조약 체결에 참가하지 못하였다.

⑤ 미일 군사 동맹 관계를 규정하였다.

77. 다음에서 말하는 전쟁 당시 동아시아 각국의 상황 중 틀린 것은 무엇인가?

> 통킹만 사건을 계기로 미국은 전투 부대를 파병

① 한국 : 베트남 전쟁 특수를 이용해 경제 성장의 발판을 마련하였다.

② 북한 : 북베트남에 조종사를 파병하고 경제 기술 원조 협정을 체결했다.

③ 중국 : 베트남의 팽창을 저지하기 위해 10만의 병력으로 베트남을 침공하였다.

④ 한국 : 베트남에 전투 부대를 파병하였다.

78. 제네바 협정을 체결한 배경으로 옳은 것은 무엇인가?

① 호치민의 베트남 민주 공화국이 디엔비엔푸 전투에서 승리하였다.

② 통킹만 사건이 협정 체결의 배경이 되었다.

③ 닉슨 독트린과 미국 내 반전 여론 등이 배경이 되었다.

④ 베트남 사회주의 공화국이 수립되었다.

⑤ 파리 평화 협정 체결의 배경이 되었다.

79. 다음에서 설명하는 내용은 무엇을 의미하는가?

마오쩌둥은 대약진 운동의 실패로 자신의 권력 기반이 약화되자

문화대혁명을 일으켜 (   )을 동원해 반대파를 제거하고자
했다.

80. 다음에서 대약진 운동과 관련이 없는 것은 무엇인가?

① 농업 집단화를 위해 인민공사 설립

② 중공업 우선 성장을 위해 소련식 공업화를 추진

③ 국영 기업 사유화

81. 덩샤오핑이 추진한 개혁개방 정책으로 가장 적절한 것은?

① 인민공사를 설립했다.

② 중공업 우선 성장의 소련식 공업화를 추진했다.

③ 인민공사를 해체하고 집단 농업을 가족 농업으로 전환했다.

④ 국영 기업의 민영화를 추진했다.

82. 덩샤오핑의 개혁개방 정책에 대한 설명 중 사실과 다른 것은 무
엇인가?

① 인민공사를 해체하였다.

② 농업, 공업, 국방, 과학 기술의 4개 부문 현대화를 추진했다.

③ 외국 자본을 도입하고 경제특구를 건설했다.

④ 합영법을 제정하고 외국 자본을 도입했다.

83. 동아시아 각 국가의 개혁개방 정책에 대한 설명 중 옳은 것은 무
엇인가?

① 중국 : 외국 자본을 도입하기 위해 합영법을 제정하였다.

② 북한 : 인민공사를 설립하였다.

③ 북한 : 나진 선봉지역에 자유 무역 지대를 조성했다.

④ 베트남 : 대약진 운동을 추진하였다.

⑤ 베트남 : 농업, 공업, 국방, 과학 기술의 4개 부문 현대화를
추진했다.

84. 다음의 (가)와 (나)에서 말하는 사건에 대한 설명으로 틀린 것은
무엇인가?

> (가) 정부 당국에서는 17일 야간에 계엄령을 확대 선포하고 일부 학
> 생과 민주 인사, 정치인을 도저히 믿을 수 없는 구실로 불법 연
> 행했습니다. … (중략) … 또한 18일 아침에 각 학교에 공수 부
> 대를 투입하였습니다. 이에 우리 광주 학생들은 다시 거리로
> 뛰쳐나와 정부 당국의 불법 처사를 규탄하였던 것입니다.
>
> (나) 친애하는 동포 여러분, 이전 여러 차례 이루어진 거대한 위세
> 를 보여준 시위 활동 이후 오늘 우리는 톈안먼 광장에서 단식
> 투쟁을 진행하기로 결정하였습니다. … (중략) … 민주주의는
> 결코 한 개인만의 일이 아니고, 민주주의 사업은 결코 한 세대
> 에 능히 완성할 수 있는 것이 아니기 때문입니다.

① (가) 후야오방 총서기의 사망이 계기가 되었다.

② (가) 군부의 무력 진압으로 실패하였다.

③ (나) 대통령 직선제를 실시하는 계기가 되었다.

④ (나) 군부의 무력 진압으로 실패하였다.

⑤ (나) 최고 통치자가 물러나는 계기가 되었다.

85. 다음 (가)와 (나) 사건에 대한 설명 중 옳은 것은 무엇인가?

> (가) 1989년 베이징 대학교 학생들은 톈안먼 광장에서 공산당 독재 타도와 민주화를 요구하였다. 이에 일반 시민이 가세하여 5 · 4 운동 기념일에는 전국 각지에서 시위가 연달아 일어났다.
>
> (나) 1987년 전두환 정부의 권위주의적 통치에 반발하여 시위가 일어났다. 언론 통제와 억압에도 불구하고 각계각층에서는 정부를 규탄하는 성명을 발표하였으며, 6월 10일 호헌 철폐 국민대회를 열었다.

① (가) 대통령 직선제를 실시하는 계기가 되었다.

② (가) 군부의 진압이 실패하였다.

③ (나) 민주화를 요구하였다.

④ (나) 최고 통치자가 물러나는 계기가 되었다.

⑤ (나) 문화대혁명의 원인이 되었다.

86. 55년 체제가 유지되던 당시 동아시아의 상황으로 사실과 다른 것은 무엇인가?

① 일본 : 거품 경제가 붕괴되었다.

② 한국 : 한강의 기적이라 불리는 경제 성장을 이룩했다.

③ 중국 : 베트남의 팽창을 저지하기 위해 중월 전쟁을 일으켰다.

④ 베트남 : 북베트남이 남베트남을 무력으로 통일하였다.

⑤ 대만 : 국민당의 일당 지배가 이루어졌다.

87. 버블 경제 붕괴에 대한 설명으로 옳은 것은 무엇인가?

① 55년 체제가 성립되는 계기가 되었다.

② 부동산과 주식 가격이 폭락하였다.

③ 평화헌법이 만들어지는 원인이 되었다.

④ 중국과 베트남 등 공산 국가의 개혁개방 정책을 이끌어냈다.

⑤ 시모노세키 조약을 체결하였다.

88. 다음 보기에서 말하는 지역에 대한 설명으로 사실과 다른 것은 무엇인가?

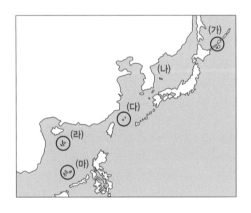

① (가) 일본이 영유권을 주장하고 있다.

② (나) 북한이 영유권을 주장하고 있다.

③ (다) 청일 전쟁의 결과 일본 영토가 되었다.

④ (라) 베트남과 중국이 영유권을 두고 충돌하였다.

⑤ (마) 필리핀, 베트남 등 동남아시아 국가들과 중국이 서로 영유권을 주장하고 있다.

89. 다음 지도에서 설명하는 내용으로 사실과 다른 것은 무엇인가?

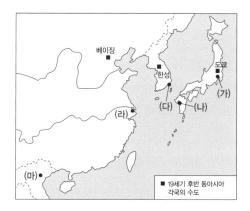

베이징

한성

도쿄

(가)

(다) (나)

(라)

(마)

■ 19세기 후반 동아시아
  각국의 수도

① (가) 요코하마 마이니치신문이 발행된 곳이다.

② (나) 에도 막부 당시 인공섬 데지마에 네덜란드 상관이 있던
   곳이다.

③ (다) 강화도 조약 당시 개항한 항구 중 하나이다.

④ (라) 영국 상인 어니스트 메이저가 신보를 창간한 곳이다.

⑤ (마) 프랑스 식민지 당시 베트남의 수도로 작은 파리로 불리었다.

90. 동아시아 각국의 철도에 대한 설명으로 사실과 다른 것은 무엇
    인가?

① 중국 : 정부가 풍수지리 등을 이유로 폭파하기도 했다.

② 한국 : 일본이 청일 전쟁 중 군사적으로 이용하였다.

③ 일본 : 최초의 철도는 도쿄와 요코하마 사이에 부설되었다.

④ 일본 : 정부와 민간 자본 모두 철도 부설에 적극적이었다.

⑤ 중국 : 신해혁명 이후 부설되었다.

91. 동아시아 각국의 근대적 시간 도입과 관련해 사실과 다른 것은?

① 일본 : 동아시아 최초로 양력을 도입하였다.

② 한국 : 개항장에서 먼저 사용되었다.

③ 중국 : 청나라 말기부터 사용되었다.

④ 중국 : 중화민국 수립 이후 사용되었다.

⑤ 한국 : 을미개혁 때 도입해 사용하였다.

92. 다음 지도의 (가) 세력에 대한 설명으로 사실과 다른 것은 무엇인가?

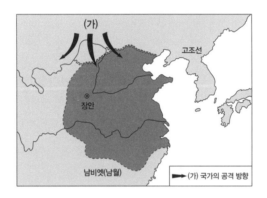

① 최고 지도자를 선우라고 불렀다.

② 진 시황제가 이들의 침입을 막기 위해 만리장성을 쌓았다.

③ 고조선을 멸망시켰다.

④ 한무제가 이들을 견제하기 위해 대월지에 장건을 파견하였다.

⑤ 한나라와 형제맹약을 맺어 동등한 지위를 인정받았다.

93. (가)와 (나) 국가에 대한 설명으로 사실과 다른 것은?

① (가)는 (나)와 전연의 맹약을 맺었다.

② (가)는 북면관·남면관제를 실시하였다.

③ (나)는 금나라와 연합해 (가)를 멸망시켰다.

④ (나)는 몽골제국에 의해 멸망당했다.

⑤ (나)를 통해 한국에 감자와 고구마가 소개되었다.

94. 다음 (가) 국가에 대한 설명으로 옳지 않은 것은 무엇인가?

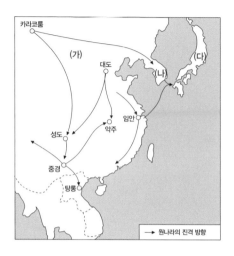

① 송나라와 금나라를 무너트리고 중국을 통일하였다.

② 색목인을 재정 관료로 등용하였다.

③ 지폐로 교초를 사용하였다.

④ (나)와 연합해 두 번에 걸쳐 (다)를 침략하였다.

⑤ 호라즘을 멸망시키고 점령지에 다루가치를 파견하였다.

95. (가)와 (나) 국가에 대한 설명으로 사실과 다른 것은 무엇인가?

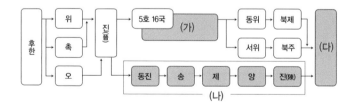

① (가) : 고구려와 조공 · 책봉 관계를 맺었다.

② (가) : 균전제를 실시하고 불교를 장려하였다.

③ (가) : 호어와 호복의 착용을 금지하였다.

④ (나) : 조용조의 조세 제도를 운영하였다.

⑤ (나) : 남북조시대를 통일하였다.

96. 다음 지도의 파악할 수 있는 시대 상황으로 옳은 것은 무엇인가?

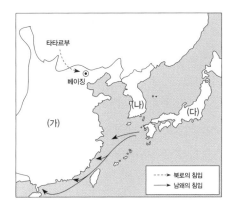

① (가) : 지정은제를 실시하였다.

② (가) : 경극이 유행하였다.

③ (나) : 보빙사를 파견하였다.

④ (나) : 쌍기의 건의로 과거제를 실시하였다.

⑤ (다) : 조총을 시험하는 무사

97. 다음에서 말하는 학문에 대한 설명으로 옳은 것은 무엇인가?

> ○ 경전이 진실되고 역사서나 주석서가 거짓이라면 경전을 기준으로 역사서와 주석서를 바로잡으면 될 것이다.　　　　　**-염약거**
>
> ○ 진실로 힘든 교정을 통해 오래된 종이 무더기 속에 파묻혀 실제적인 것에서 진리를 찾아 후세 사람들을 계도하기를 바라는 것이다.　　　　　**-왕명성**

① 객관주의와 실사구시에 입각해 실증과 경세를 중시한다.

② 심즉리와 지행합일을 강조하였다.

③ 대의명분론과 화의관을 강화시켰다.

④ 명나라 때에 관학으로 수용되었다.

⑤ 주요 이론으로 심성론, 이기론 등이 있다.

98. 다음 지도에서 말하는 도시에 대한 설명으로 옳은 것은 무엇인가?

① (가) 강화도 조약으로 개항되었다.

② (나) 일본 최초의 일간지가 발행되었다.

③ (나) 일본 최초의 철도가 부설되었다.

④ (다) 영국인이 신보를 발행하였다.

⑤ (다) 프랑스 식민지 당시 베트남의 수도로 작은 파리라고 불리었다.

99. 다음에서 말하는 문명의 유물로 옳은 것은 무엇인가?

> 양사오 문화는 신석기 시대 황허강 중류 유역에서 채도를 사용한 문화였다. 채도에는 사람 얼굴 무늬, 물고기 무늬 등 다양한 무늬가 나타나 있다.

100. 다음의 국서가 전달될 당시의 시대 상황으로 옳은 것은 무엇인가?

> '일본 국왕' 아시카가 요시미쓰가 우리 황실에 마음을 두어 사신을
> 파견하고 표류민을 돌려보내니 짐이 매우 기쁘다. 대통력을 보내니
> 이를 따르도록 하라. 비단도 함께 하사한다.

① 아편 전쟁이 벌어졌다.

② 여몽연합군이 두 차례에 걸쳐 일본을 침공하였다.

③ 중국과 감합무역이 이루어졌다.

④ 일본에 도다이사가 건립되었다.

⑤ 다이호 율령이 반포되었다.

[하루 만에 2등급을 만드는 개념 적용문제 정답 및 해설]

1. 동썬, 청동북
2. 얼리터우, 청동술잔, 네 발 달린 솥
3. 조몬토기
4. 일본
5. 야요이
6. 허무두 문화
7. 허무두 문화 (돼지토기, 허무두토기)
8. ④ (진 시황제에 대한 설명이다.)
9. 한무제

※ 보충설명 : 장건의 대월지(월지) 사신 파견은 출제 빈도 상위 50위 안에 드는 단골손님

10. 한무제

※ 보충설명 : 한무제가 고조선을 멸망시키기 위해 왕검성 공격을 명령하는 상황임 왕검성은 고조선 멸망 당시 도읍, 위만은 고조선에 망명한 인물로 이주민 세력을 바탕으로 세력을 확대해 기존의 준왕을 내쫓고 왕이 되었다. 이 시기를 위만 조선이라고 부름

11. ② (보기는 북위 효문제 왕조에 대한 설명이다.)
12. 수나라
13. ③
14. ⑤ (3성 6부제는 수와 당의 통치 체제)
15. ② (당나라)

※ 오답풀이 : ① 수, ③ 명, ④ 청, ⑤ 몽골제국(원나라)

16. ⑤ (다이카 개신은 일본)

17. ⑤ (엔닌의 입당구법순례행기)

※ 오답풀이

① 도다이사는 8세기 중엽 일본 쇼무 일왕이 국가의 번영을 기원하기 위해 건립 → 엔닌은 9세기 사람

②와 ③은 당나라 승려 감진에 대한 설명

④는 大고구려 승려 혜자에 대한 설명

18. 보살

19. 선종

20. ①, ④ (② 엔닌, ③ 당의 승려 현장, ⑤ 신라 혜초)

21. ① (우경은 소를 농사에 활용하는 방법으로 춘추전국시대부터 시작됨)

22. 전시

23. ③

※ 오답풀이 : ① 고려, ② 베트남, ④, ⑤ 조선

24. ㄴ, ㄷ

25. ③, ⑤ (③ 양명학, ⑤ 일본의 난학)

26. ③

27. ⑤ ((가)는 요나라, (나)는 송나라, 맹안모극제는 금나라에서 실시)

28. ③

29. ① (몽골제국에 대한 설명)

30. ①

31. ⑤ (일본은 두 번에 걸친 여몽연합군의 공세를 막은 후 신의 보호를 받는다는 신국 의식 확산)

32. ②

33. ③ (교초는 원나라, 교자는 송나라 때 화폐임)

34. ③, ④

35. ①

36. ② (감합은 명나라에서 일본과의 무역을 위해 발급)

37. ④

※ 오답풀이

① 견당사 : 8세기경 일본이 당나라에 파견한 사절단

② 이와쿠라 사절단 : 메이지 유신 이후 일본이 서양에 파견한 최대 규모의 사절단(1871년)

③ 수신사 : 조선이 일본에 파견한 사절단을 근대적 의미로 개명

⑤ 통신사 : 조선이 일본에 파견한 사절단

38. ④

39. ① (②~④는 일본 국학, ⑤는 조선인 선비 강황에 대한 설명)

40. ①

41. ②

42. 크리스트교 유입 및 일부 다이묘들의 재정 수익 증가

43. ①, ②, ③, ④

※ 보충설명

①, ② 무로마치 막부

· 명과 무로마치 막부는 1404년부터 16세기 중반까지 감합무역 전개

· 오닌의 난으로 쇼군의 권위 하락

· 전국 무사들이 독립해 패권 쟁탈전을 벌이는 센고쿠시대 전개

③ 도요토미 히데요시

· 센고쿠시대를 통일 후 1592년 임진전쟁 도발

④ 가마쿠라 막부

· 사무라이도코로(가신통솔)와 몬추쇼(재판) 등 설치(휘하의 무사들을 통제하기 위해)

· 여몽연합군의 두 차례에 걸친 일본 정벌로 쇠퇴

44. ②

45. ①

46. ④ (평화헌법은 1946년 11월)

47. ④ (자유 민권 운동은 류쿠국이 아닌 일본에 해당)

48. 아편 전쟁

49. 공행

50. ④, ⑤ (보기의 내용은 아편 전쟁)

51. ①, ②, ③

52. ㄱ과 ㄷ

53. ②

54. ④ (포츠머스 조약은 러일 전쟁의 결과로 체결되었다.)

55. ③

56. ④ (중체서용은 무술변법보다 앞선 양무운동의 기본 원칙)

57. ⑤

58. ⑤

59. 정답 없음 (보기 모두 맞음, 빈칸에 들어갈 단어는 러일 전쟁)

※ 보충설명 : 미국은 러일 전쟁 이후 가쓰라 태프트 밀약(1905)을 맺어 일본의
한반도 지배를 승인

60. ④ (중심인물은 쑨원)

61. ⑤ (①②③ 마오쩌둥, ④ 쑨원)

62. 영일 동맹

63. ④ (해군력 증강에 대한 제한은 워싱턴 회의 결과)

64. ① → ④ → ② → ③

65. ①, ③

66. ⑤

67. ③

68. ④

69. ③

70. ④ (자세한 내용은 Point 06 베트남 근왕 운동, Point 07 베트남 저

항의 역사(124~127p) 참고할 것)

71. ③ (보기에서 설명한 인물은 호치민)

72. ① (판보이쩌우에 대한 설명이다.)

73. ② (평화헌법은 일본이 2차 세계 대전에 패한 결과로 만들어졌다.)

74. ②

75. ③

76. ⑤ (보기 설명은 샌프란시스코 강화 조약이다. 미일 군사 동맹은 샌프란시스코 강화 조약 이후 체결)

77. ③ (중국은 베트남의 팽창을 저지하기 위해 1979년에 중월 전쟁을 일으켰다.)

78. ①

79. 홍위병

80. ③ (국영 기업 사유화 → 마오쩌둥 사후 덩샤오핑이 추진한 개혁 개방 정책의 결과)

81. ③, ④ (①, ② 대약진 운동)

82. ④

83. ③

84. ⑤ ((가) 5 · 18 민주화 운동, (나) 톈안먼 시위)

85. ③ ((가) 톈안먼 시위, (나) 6월 민주항쟁)

86. 정답 없음 (다 옳은 설명)

87. ②

88. ② ((가) 쿠릴열도, (나) 독도, (다) 센카쿠열도, (라) 파라셀군도, (마) 스프래틀리군도)

89. 정답 없음 (모두 맞는 설명, (가) 요코하마, (나) 나가사키, (다) 부산, (라) 상하이, (마) 하노이)

90. ②, ⑤

91. ③

92. ③ ((가) 세력은 흉노족, 고조선 멸망은 한나라)

93. ④ ((가) 요나라, (나) 송나라, 명나라 시기)

94. 정답 없음 (보기 모두 맞는 내용임, (가) 몽골제국)

95. ④ ((가) 북위, (나) 수나라, 조용조는 당나라)

96. ⑤

※ 오답풀이 : ① ② 청나라, ③ 조선 말, ④ 고려

※ 보충설명 : 지도의 상황은 16세기 중엽 명나라의 북로남왜 시기다. 북로는 북방에서 침입한 오이라트와 타타르 등을 의미한다. 남왜는 명의 남쪽에서 침입한 일본 해적을 의미한다.

97. ①

※ 오답풀이 : ② 양명학, ③∼⑤ 성리학

※ 보충설명 : 청나라 당시 유행한 고증학에 대한 설명이다. 고증학은 실증적 고전 연구의 학풍을 통해 조선시대 실학과 북학사상에 영향을 끼쳤다. 대표 학자로는 염약거와 왕명성을 들 수 있다.

마. 주요 이론으로 심성론, 이기론 등이 있다.

98. ①

※ 오답풀이 : ② 데지마가 있던 나가사키가 아닌 요코하마, ③ 일본 최초의 철도는 도쿄와 요코하마 사이에 부설, ④ 공행이 있던 곳은 광저우, 신보를 발행한 곳은 상하이, ⑤ 작은 파리로 불리었던 곳은 하노이

99. ② (채도는 채색 안료를 사용해 무늬를 그린 토기를 말한다. 양사오 문화의 특징이다. ① 한반도 신석기 시대의 유물인 빗살무늬토기, ③ 베트남 동썬 문화 청동북, ④ 일본의 조몬토기)

100. ③ (대통력은 명나라 때의 역법이다. 자료는 명이 일본의 무로마치 막부에 보낸 국서로 이후 명과 일본 사이에 감합무역이 이루어졌다.)

[참고문헌]

2016~2013학년도 대학수학능력시험 동아시아사 문제지

2016~2013학년도 대학수학능력시험 9월 모의평가 동아시아사 문제지

2016~2013학년도 대학수학능력시험 6월 모의평가 동아시아사 문제지

2016~2013학년도 10월 고3 전국연합학력평가 동아시아사 문제지

2016~2013학년도 7월 고3 전국연합학력평가 동아시아사 문제지

2016~2013학년도 4월 고3 전국연합학력평가 동아시아사 문제지

2016~2013학년도 3월 고3 전국연합학력평가 동아시아사 문제지

2016~2013학년도 EBS 수능 연계교재(수능특강, 수능완성) 동아시아사

2016~2013학년도 EBS 수능 연계교재(수능특강, 수능완성) 세계사

2016~2013학년도 EBS 수능 연계교재(수능특강, 수능완성) 한국사

《동아시아사 교과서》 비상교육, 천재교육, 교학사

《국민당군의 어제와 오늘》 김범수, 디지털교보문고

《우표로 보는 2차 세계 대전사》 김범수, 디지털교보문고

《나라를 빼앗긴 군대의 비망록》 김범수, 중앙미디어

진짜 공신이 되는 **하루 만에 2등급 동아시아사**

초판 1쇄 인쇄 2016년 8월 16일
초판 1쇄 발행 2016년 8월 25일

지은이 김범수
발행인 조상현
편집인 김주연
디자인 더젬 허형옥

펴낸곳 더디퍼런스
등록번호 제2015-000237호
주소 서울시 마포구 마포대로 127, 304호
문의 02-725-9988
팩스 02-6974-1237
이메일 thedibooks@naver.com
홈페이지 www.thedifference.co.kr

ISBN 979-11-86217-42-9 (03900)